JN118839

3STEP
シリーズ
5

ETHICSET
HICSETH
ICSETHIC
SETHICS
ETHICSET
HICSETH
ICSETHIC
SETHICS
ETHICSET
HICSETH
ICSETHIC

倫理学

寺　佐　神
本　藤　崎
　　　　　編
剛　靜　宣
　　＝　次

Series:
3STEP
-
Volume:
5
-
Ethics
-
-
Edited by:
KANZAKI
Nobutsugu
SATOH
Sayaka
TERAMOTO
Tsuyoshi

昭和堂

はじめに

　倫理学を学ぶ意義はどこにあるだろうか。私たちは日々，日常的な問題から
グローバルな問題にいたる，善悪や正義や幸福といった価値に関わる問題に接
しながら生きている。自分自身には直接関係しないとしても，世界にはそうし
た問題が無数に存在している。世界の問題をどうにかしたいと考える人材の育
成は，大学の目的の一つである。そのため現在では，価値に関わる問題につい
て適切な概念や理論を参照しながら分析し，豊かな語彙を使って他者と共有し
たうえで，自らの見解や立場を表現するディスカッション能力を身につけるこ
とが，人文系，社会系，理工系といった学問区分にかかわらずカリキュラムに
組み込まれるようになっている。

　もちろん，倫理学を学べば，そうした問題にすっきりした答えが出せるよう
になるわけではない。現実社会における善悪・正義・幸福はやっかいな問題で
あり，合意や解決に至るのが難しいケースも多く存在する。それをきれいに解
決できると思い込んでしまってはいけない。巷で主張される「解決策」が，し
ばしば社会のなかの特定の人たちを不当に扱うことで成り立っているのには注
意が必要である。

　いいかえると，倫理学は問題をお手軽に解決してくれるツールではない。む
しろ問題の複雑さに向かい合い，単純化せずに整理しながら，多くの人と共有
しようとする学問である。倫理学の長い歴史のなかで積み重ねられてきた善悪・
正義・幸福についての多様な検討に触れることを通して，問題をより複雑に，
多面的に考える態度と能力を身につける。倫理学を学ぶ意義はこのような点に
あると編者は考えている。

　本書は以上のような意図を持って編まれたテキストである。現代の倫理学で
話題とされる理論や考え方，トピックをできるだけ多くカバーできるように，
各章のテーマと執筆者を選んだ。また，ケーススタディでは，それぞれの章で
解説された理論や考え方をより具体的に理解する助けとなる事例などを扱って

いる。アクティブラーニングには，より深い理解や多面的な検討につながる課題を挙げているので，読者にはこれも活用してもらいたい。

　　2023年3月

編　　者

追記
　翻訳文献の著者名の表記が訳者によって異なる場合があるが，本書の参考文献として掲載するにあたっては，初学者の便宜を考慮して統一している。

目　次

ケーススタディとアクティブラーニングの執筆者

1，2，3，5，9，13，14	神崎宣次
4，7，8，10，12	寺本　剛
6	佐藤　靜
11	齋藤宜之

第1章

功利主義・義務論・徳倫理学
倫理学の主要理論

———

岡本慎平

本章では，規範倫理学の諸理論のうち，三大理論とも呼ばれる功利主義，義務論，徳倫理学について学ぶ。それぞれの理論を提唱した哲学者とその基本的な思想の枠組みを紹介し，現代におけるその展開を追っていく。第一に扱うのは功利主義である。功利主義はジェレミー・ベンサムの思想に端を発する倫理学理論である。この理論は帰結主義・福利主義・総和主義という三要素から構成され，その適用の仕方によって大きく行為功利主義と規則功利主義に分けられる。第二に扱うのは義務論である。現在，義務論という言葉はイマヌエル・カントの道徳哲学とその影響下にある理論を意味している。そのため，カントの規範的主張を功利主義との相違をふまえながら論じ，現代のカント主義者の理論を概説する。最後に扱うのが徳倫理学である。これは，功利主義と義務論の対立として把握されがちだった現代倫理学への対抗として注目を集めた理論である。行為の帰結や動機ではなく行為者自身に着目する徳倫理学は，その当初よりアリストテレスの再評価と結びついていたが，現在ではヒュームやニーチェの立場も徳倫理学に数え入れられる傾向にある。

KEYWORDS　#功利主義　#帰結主義　#カント　#義務論　#アリストテレス　#徳倫理学

1 | 古典的功利主義から現代帰結主義へ

・

「最大多数の最大幸福」―― 古典的功利主義

　倫理的判断の正当化根拠として様々な見解が提案されてきたが，そのなかでも特に有力視されてきた三つの理論が，功利主義，義務論，徳倫理学である。どの理論も単一の立場ではなく，それぞれの理論内でも論者ごとに様々な相違がある。本章では，これら三つの理論の基本形と，その派生的諸理論について概観していく。まずは功利主義から始めよう。

　功利主義を初めて明確な形で提案したのは，18〜19世紀のイギリスで活躍した哲学者のジェレミー・ベンサム（Jeremy Bentham, 1748-1832）だとされている。ベンサムは当時のイギリスにおいて，社会のあり方が変わっても前時代の倫理が迷信や習俗として残り続けているせいで，倫理の役割が十分に果たされなくなっていると考えた。それでは，倫理の役割とは何だろうか。倫理が何のために存在するものなのかが分かれば，もっとよい「倫理」を提唱することができる。そこでベンサムは，それらを改善するための根拠として，そもそも倫理が何のために存在するのかを考察した。

　ベンサムの考えた倫理の目的は，「最大多数の最大幸福」というスローガンに集約される。より多くの人々が，より多くの幸福を得るために役立つものこそ最も望ましい。これを倫理的な正しさの真の基準であるとして，常識や慣習ではなくこの基準に従って倫理的な評価を下すべきであると考える立場が功利主義である。もっともベンサムがこの原則の適用対象として念頭に置いていたのは主として法律や社会制度だったが，彼の弟子にあたるジョン・スチュアート・ミル（John Stuart Mill, 1806-1873）はこの功利主義を，個々人が倫理的に正しい行為をおこなう際の原則として定式化した。現在でも頻繁に引用される次の一節が，このスローガンの倫理学理論としての内容を適切に示している。

　　効用，つまり最大幸福原理を道徳の基礎として受け容れる考え方によれば，行為は幸福を増進する傾向があれば，その度合に応じて正しいものとなり，幸福とは反対のものをもたらす傾向があれば，その度合に応じて不正なものとなる。幸福

　　は快楽を意味し，苦痛の欠如も意味している。不幸は苦痛を意味しており，快楽
　　の欠如も意味している。　　　　　　　　　　　　　　　　　　　（ミル 2021: 24）

　もしこの理論が倫理の根拠として適切なのであれば，なくした方が人々の快楽
が増える制度や，快楽以上に苦痛を増やしている常識は，法や倫理として不適
格なので改善する必要があるといえる。不正な行為が不正である理由は，それ
が苦痛を引き起こすからであり，正しい行為が正しい理由は，それが快楽をも
たらすからである。

　余談だが，ベンサムとその弟子たちは「哲学的急進派」とも呼ばれ，こうし
た哲学的根拠から法制度や社会規範の改善を訴えていた。ベンサムは全展望型
監獄「パノプティコン」に代表されるような功利主義に基づいた新制度を各国
の政治家に提案しており，ミルは植民地官僚や国会議員として政治の実務にも
携わっていた。

・

功利主義の構成要素

　功利主義の理論的特徴の説明を続けよう。倫理学者であり経済学者でもある
アマルティア・セン（Amartya Sen）の分析によれば，功利主義は①厚生主義，
②総和の順位，③帰結主義という三つの原則の組み合わせによって構成されて
いる（セン 2016: 65）。それぞれ簡単に説明すると，厚生主義は，行為の倫理的
評価を決める際に考慮するべき事項は効用――つまり幸福のこと――だけだと
する原則である。総和の順位は，その効用が誰のものであるかは行為の倫理的
評価とは無関係であり，全体としての総量だけが重要だとする原則である。そ
して帰結主義は，行為の倫理的評価において重要なのはその結果だけであり，
その行為の目的や動機は評価とは無関係であることを意味する。これらをまと
めると，功利主義とは①行為の結果として（帰結主義），②発生する効用の（厚
生主義），③総量が最大になるよう行為せよ（総和の順位），という原則となる。

　ベンサムやミルが主張した功利主義は，理論的に注釈や修正が加えられた後
世のヴァージョンと区別する際には「古典的功利主義」と呼ばれる。古典的功
利主義では先ほど引用したミルも述べているように，この三つの構成要素に加
えて快楽主義，つまり快楽および苦痛の欠如のみを幸福と見なすという教説も

含まれる。よって古典的功利主義は，①行為の結果として，②生じる快楽の，③総量が最大になるよう行為せよ，と主張する理論であるとまとめられる。

　もちろん，快楽主義を採用せず別の効用の定義を用いても，この三つの構成要素を備えていればその理論が功利主義であることに変わりはない。たとえば，快楽以外にも様々な内在的善を目的として認める理想的功利主義や，経済学の「選好」概念を援用して行為者の望む選択肢の最大限の充足を目的に据えた選好功利主義などがある。

・

行為功利主義と規則功利主義

　ところがこのように整理すると，我々が人生の様々な場面で判断に悩んだときに参照する倫理的に妥当な判断の根拠としては，功利主義はきわめて場当たり的なものになってしまいかねないという批判に直面する。たとえば「無実の人間を処罰してはならない」という原則は誰もが倫理的に正しいものだと判断すると思われるが，功利主義に基づけば，それが正しいかどうかは時と場合による。無実の人間を処罰することで社会の治安が保たれ結果として幸福が増える（あるいは不幸が減る）場合には，功利主義はよろこんで冤罪を作り出すことを容認するかもしれない。「嘘をついてはいけない」や「約束を守らなければならない」のような常識的な倫理も同じである。功利主義に基づけば，これらのすべての規範に「ただし，それが幸福を最大化する場合に限る」という条件がつけられる。このように，結果次第でどんな不道徳も正当化してしまう功利主義は，倫理の根拠として間違っているのではないかという懸念が提起されるのは，もっともなことである。

　このような批判への対応をめぐり，功利主義はさらに二つのヴァージョンに区別される（ラザリ＝ラデク＆シンガー 2018）。一つめは規則功利主義であり，この立場によれば「最大多数の最大幸福」が適用されるのは個々の行為ではなく一般的規則である。たとえば「約束を破るのは倫理的不正である」という主張は，「すべての人間が約束を遵守する社会は，時として約束が破られる社会よりも，多くの幸福を期待できる」といった形に解釈される。冤罪の禁止も同様である。一般に，どんな理由があっても冤罪を禁じる社会の方が，時と場合によってそれを容認する社会よりも，多くの幸福を期待できる。それに対して「最

大多数の最大幸福のためなら無実の人間を処罰してもよい」という原則が一般
化されたら，我々は安心して暮らせなくなり，結果として不幸な人々が増えて
しまうだろう。つまりこの場合，功利主義的に考えても，たとえ個別の事例で
冤罪が社会の安定につながる可能性があってもそれを一般的規則として支持す
ることはできない。このように，功利主義の評価対象を普遍化された道徳的判
断，つまり一般的規則に限定する立場が規則功利主義である。我々は，たとえ
約束を破ることで最善の結果が期待できる事例が多少あったとしても，つねに
「約束を遵守せよ」という一般的規則に従った方が最終的には最大多数の最大幸
福に近づけるからである（ある意味で，規則功利主義は次節で説明する義務論と功
利主義の折衷案であると見ることもできるだろう）。

　またこのように，動機や規則といった行為と間接的に関係するものの正当化
だけに功利主義の適用を制限する立場を間接功利主義と総称することもある。

　これに対して，常識や規則を利用する場合も「最大多数の最大幸福」の適用
対象は依然として個々の行為であると主張する立場を行為功利主義と呼ぶ。た
しかに，個々の状況で結果を正確に予測するのは困難であり，常識や先例や一
般的規則に従えばこの困難を緩和できるかもしれない。常識や社会規範のほと
んどは，多くの人々の利益につながる行為の仕方を要約した先人の知恵である。
行為功利主義でも，それらが妥当な場合は積極的に活用するべきだと認める。
だが行為功利主義の代表的論者であるJ.J.C.スマートは，そうした規則につね
に従わなければならないと考える規則功利主義者たちを，「規則崇拝」に陥って
いると批判した（児玉 2010）。行為功利主義では，これらが重要なのはあくまで
正しい行為を判断するための補助的な素材としてであり，規則に従うこと自体
には何の意味もないと考える。そのため行為功利主義では，一般的規則に従う
行為が倫理的に正当化されるとしても，その場合でも最終的な正当化根拠はあ
くまで実行されたことが「快楽を増やす行為」であるか否かにある。またこの
立場は，功利主義の基準を直接的に行為の評価に用いるため，直接功利主義と
呼ばれることもある。

・

現代の「帰結主義」

　規則功利主義にせよ行為功利主義にせよ，いずれにしても重要なのは「最大

多数の最大幸福を目的にした行為」と「実際に最大多数の最大幸福につながる行為」は必ずしも一致しないという点である。規則功利主義において正当化されるのは「最善の結果をもたらすことを目的に作られた規則」ではなく「実際に最善の結果をもたらす規則」であり、行為功利主義において正当化されるのは「最善の結果をもたらすためにおこなわれる行為」ではなく、「実際に最善の結果をもたらす行為」である。功利主義的思考をしても最善の結果につながらないなら、あえて「功利主義的思考を捨てること」が功利主義的に要請される場合もある。繰り返すが、功利主義において大切なのは動機ではなく結果だからである。功利主義に限らず、倫理学理論は基本的にはある行為が本当に倫理的に正しいかどうかを決める際の評価基準であり、それと同じものが倫理的な行為をおこなう際の意志決定手続きのプロセスであるとは限らない。

　またこれらの点から、現代の論者は功利主義の本質はその帰結主義的要素にあると考え、自身の立場を「帰結主義」と記述する場合が多い。ジュリア・ドライバーはその代表格であり、彼女は自身の立場を「客観的グローバル帰結主義」と名づけている。なぜ「グローバル」なのかというと、行為だけでなく意図や性格、動機なども結果に基づいて評価されるべきだからであり、なぜ「客観的」なのかというと、行為者が最善の結果を目指す動機から行為したかどうかではなく、実際に最善の結果になっているかどうかが重要だからである（Driver 2012）。

　また、世界的に著名な功利主義的倫理学者であるピーター・シンガーは、慈善活動おこなう際には心理学や経済学の知見を積極的に活用し、投下するリソースが最大限効果的に活用されるような選択をおこなうべきだとする「効果的利他主義」運動を提唱している（シンガー 2015）。これもまた、客観的帰結主義の一種だろう。以上のことから、現代においても功利主義は重要な理論の一つではあるものの、その力点は帰結主義的要素に置かれる傾向にある。

2 | カントの道徳哲学と義務論

••

カントの道徳哲学── 義務と定言命法

　前節では行為の倫理的評価はその結果に依存するという功利主義の立場を概

説した。それに対して18世紀ドイツの哲学者イマヌエル・カント（Immanuel Kant, 1724-1804）に代表される義務論の考え方は，これらと好対照をなす。義務論者の考えでは，行為の倫理的評価はその結果に左右されず，ある種の行為はどんな結果になろうとも不正である。

　まずは，カントの議論から紹介していきたい。カントによれば，我々が自らの意志で何らかの行為をおこなおうとするとき，我々は自分で自分に何らかの命令を下していることになる。そして自分が自分に下す命令には二種類ある。一方には，「……を欲するなら，〜せよ」という条件つきの命令があり，カントはこうした条件つきの命令を「仮言命法」と呼ぶ。他方で，そうした条件を一切つけず，単に「〜しなさい」とだけ命令する場合もある。これは，どんな人間でも従わなければならない無条件の命令であり，カントはこれを「定言命法」と呼ぶ。

　さて，カントの考えでは，倫理的に正しい行為は誰か特定の人間だけでなく，同じ状況であれば誰もが従わなければならない義務であり，それゆえ義務の根拠は定言命法でなければならない。もし義務の根拠が仮言命法だとすれば，その内容は「他人に嫌われたくないなら，約束を守らなければならない」のような言い方になる。だがもしそうであれば，「私はべつに他人に嫌われても構わない」と開き直られた場合に規範の効力が霧散する。他人に嫌われても構わない人には，約束を守る理由などまったくないことになってしまう。そのため，義務の根拠は仮言命法ではないのである。

　だが「義務は定言命法だ」と言ったところで，結局これは「倫理は皆が従うべきものだ」と言っているだけであり，「我々は何をするべきなのか」という問題にはまだ答えていない。カントは，定言命法にいくつかの説明を加えることで，倫理の内容を判断するための方法を提示している。説明の仕方にはいくつかあるが，なかでも最も有名なものを二つだけ紹介しよう。

1．普遍的命法の定式：「君は，君の行動原理が同時に普遍的な法則となることを欲することができるような行動原理だけにしたがって行為せよ」（カント 2013: 112）。

2．人間性の定式：「君は，みずからの人格と他のすべての人格のうちに存在する人間性を，いつでも，同時に目的として使用しなければならず，いかなる場合にもたんに手段として使用してはならない」（カント 2013: 136）。

　まず普遍的命法の定式だが，これは自分の意志する行為が，同じ状況に立たされたなら誰もがおこなって構わないものだといえるかどうか，という基準である。もちろん，その判断は個々人で異なるものであってはならない。自分の意志する行為を普遍化した際に矛盾が生じるか，それを理性的に意志できないがゆえに，誰もが拒絶せざるをえない行為こそが，倫理的に不正な行為となる。たとえば「定期試験でカンニングすることはなぜ倫理的に不正なのか」と考えてみよう。カンニングは，他の受験者がおこなわない仕方でおこなうからこそ意味がある。ノートの持ち込みが禁じられている試験でノートを隠し持って盗み見るならカンニングだが，もし全員がノートを持ち込んでいればそれは単なる持ち込み可の試験であり，もはやカンニングという行為は成立しえない。つまり，カンニングは普遍化した際にその行為自体が矛盾（＝成立しない）となってしまうがゆえに理性的に意志できず，それゆえ不正なのである。カント的義務論の立場では，このように「普遍化することのできない行為」は，結果がどうであれ倫理的に不正である。

　人間性の定式についても考えよう。「目的」や「手段」という言葉が分かりづらいが，要するに「自分であれ他人であれ，その人を単なる道具のように扱うな」という説明である。たとえば，返済のあてはないがお金が必要なとき，「絶対に返せる」と嘘をついて（騙して！）お金を借りようとするとしよう。カントの考えでは，これは相手をお金を手に入れるための単なる手段として扱っているに等しい。同じようにお金を借りる場合でも，お金が必要な事情を偽らずに説明して，貸すかどうかの判断を相手の理性に委ねるのであれば，それは相手の人間性を尊重し，目的としても扱っていることになる。我々は，他人に仕事を依頼したり，他人の助けを借りたりしながら生活しているが，相手の自律的な判断を尊重しているなら何の問題もない。問題なのは，たとえば暴力や脅迫や詐欺によって無理やりそれをやらせることである。つまりカント的義務論の立場では，このように「相手の意志を無視して無理やりおこなうこと」は，結

果がどうであれ倫理的に不正であり，普遍化できない行為でもある。

　今，二つの定式を挙げてカント的義務論を説明したが，これらはあくまで定言命法の説明の仕方の違いであり，外延的には同一である（少なくともカントはそう考えていた）。ともあれ，カント倫理学については後の章でさらに詳しく論じられるため，ひとまずカントの理論の解説についてはいったんここで止めておきたい。

··
ロスの多元的義務論

　カントの基本的な洞察は，行為の倫理的評価は普遍的なものであり，運や結果に左右されてはならない，という点にある。この洞察を共有する哲学者にウィリアム・デイヴィッド・ロス（Sir William David Ross, 1877-1971）がいる。彼は，カントと同様に我々の義務は結果で変わるものではないと主張した。しかし義務を理性の普遍性から一元的に説明できると考えたカントとは異なり，ロスは，義務を様々な源泉から生じる多元的なものとして考えていた。その要点を説明しよう。

　ロスによれば，我々が日常生活で従わなければならないと直観的に理解できる義務は複数存在する。網羅的ではないが，彼は誠実，無危害，正義，自己研鑽，善行，感謝，補償の七つの義務を例に挙げている（堂囲 2018）。ロスによれば，これらは「一応の義務（prima facie duty）」あるいは「条件つきの義務（conditional duty）」であり，普段の生活では，我々は他の義務と衝突しない限り，これらに従っていればよい（Ross 1930: 19）。たとえば，道で迷ったときに誰かに案内してもらったらその人に感謝するべきだし（感謝の義務），部下のAさんが良い業績を上げ，Bさんの業績が悪かった場合，他に理由がなければBさんよりもAさんを高く評価すべきである（正義の義務）。

　ところが，時として我々は，一つの義務を守れば別の義務が破られてしまうようなジレンマ状況に陥ってしまうことがある。ロスは，当該の状況を徹底的に反省すればこれらの「一応の義務」のうちのどれかが「適切な義務（duty proper）」として浮かび上がると論じているが，これは様々な難点を含んでいる。どの義務が「適切な義務」なのかという判断が個人の直観に委ねられてしまうと，判断者によってどれが「適切な義務」なのか変わってしまうかもしれない

し，そもそもなぜそれが「適切な義務」なのかという根拠が説明できない。たとえ「適切な義務」が状況ごとに客観的に決まっていると仮定しても，行為者自身がその理由を答えられないのであれば，「誰もが守るべき義務がある」という義務論の魅力は薄れてしまう。

・・
カント的構成主義

　ロスの多元論では，義務や道徳規則は人間の判断とは独立に存在しており，我々の役目はそれを発見することだ，と想定されている。しかしそのために，ロスの主張では，我々はどのようにして適切な義務を知ることができるのかという認識論的問題に直面する。それに対して，カントの洞察を共有しながらも義務や道徳規則を「我々自身がつくりあげるもの」だと考える論者もいる。たとえば，ジョン・ロールズ（John Rawls, 1921-2002）やその影響を受けた哲学者たちがそうである。彼らの立場は「カント的構成主義」と総称される。

　ロールズらカント的構成主義者によれば，カントの義務論の核心は，①義務に従うべき存在（つまり人間）をどのように特徴づけるのか，という人格理論と，②誰もが従うべきだと合意する規則（つまり義務）をどのような手続きで導出するのか，という構成手続きの組み合わせにある（福間 2007: 18-20）。言い換えれば，個々の人間の価値観や性格が異なっていても，そうした人々全員に共通する特徴を抽出し，その特徴を持つ存在であれば誰もが納得せざるをえない根拠に基づいて行為の原則を導けば，それが普遍的に妥当する倫理的基準になる。カント自身の場合，人間を①理性的存在として規定し，②定言命法による自身の行動原理の普遍化という手続きによって義務が導出されると整理できるだろう。

　ロールズは『正義論』で展開した正義の二原理を，カント倫理学の換骨奪胎であると考えていた。一見すると，ロールズの正義論はカント的義務論とまったく似ていないように見えるかもしれない。だが実際には，原初状態はカントの自律の構想と定言命法をカントとは別の仕方で説明したものであり，「公正としての正義」を定言命法と同等のものとして解釈できるのだとロールズは述べている（ロールズ 2010: 341-345）。彼の議論をカントに重ね合わせると，「理性的存在」に相当するのが様々な善の構想を持つ自由で平等な市民たちであり，

「定言命法」に相当するのが原初状態の思考実験である。つまり，様々な人生観を持つ市民が互いに自分自身の立場も相手の立場も忘れてしまったと想定して（「無知のヴェール」），そのような状況のなかで全員に適用される規則を定めようとすれば，誰も理性的に認めざるをえない原則が導出される。こうして導出されたのが，「公正としての正義」として知られる二つの原理である。

　ロールズはこのようにして，理想化された我々自身の判断から普遍的な原則が構成されると考えた。その意味で，彼の正義論はきわめて義務論的な性格を帯びている。

・・

規範性と実践的アイデンティティ

　カントおよびロールズの影響を受けた倫理学者のうち，現代において最も有力視されている論者の一人がクリスティン・コースガード（Christine Korsgaard）である。彼女の立場もまたカント的構成主義の一種だと考えられており，ロールズと同様に①義務に従う存在に共通する特徴の規定と，②普遍的に妥当する義務の構成手続きの組み合わせによって現代的な義務論を展開している。コースガードの見解において①に相当するのは「実践的アイデンティティ」であり，②に相当するのが「反省的認証」のプロセスである。

　後者から説明しよう。反省的認証とは，自分の信念や意図について「私は本当にそれをおこなうべきなのか」と繰り返し疑ってみる熟慮を指す。人間は，こうした反省によって自身に課せられた義務について，本当にその義務が自分にあるのかと確認することができる。こうした反省を繰り返して，「それでも私にはそれをする理由がある」と思える行為だけが，本当におこなうべき行為となる。

　では，どのような場合に義務が反省を耐え抜いたものとして認められるのか。コースガードの説明では，反省によって行為に義務的な規範性が付与されるのは，その行為の理由が「自分の実践的アイデンティティの一部である」と認められた場合である。たとえばコースガードはこれを次のように説明する。

　　あなたは人間であり，女性あるいは男性であり，ある宗教の信者であり，何らかの職業集団の成員であり，誰かの恋人であり，友人であり……等々。このような

　アイデンティティの全てが，理由と義務を生み出している。あなたの理由は，あなたのアイデンティティや本性を表現する。あなたの義務は，あなたのアイデンティティが禁じるものから生じる。　　　　　（コースガード 2005：118-119）

　もちろん，アイデンティティは個人によって異なるし，一人の人間が同時に複数のアイデンティティを持つのはごく自然なことである。たとえば，上の引用文で挙げられた「人間」「ジェンダー」「信仰」「職業」「対人関係」は，そのすべてが同時に一人の人間に帰属するものであり，それぞれがまったく別の義務の源泉となる理由を提供する。アイデンティティから生じる義務同士が衝突する場合も少なくない。

　だが，これらすべての実践的アイデンティティの背後には，誰もが持つ最も基礎的なアイデンティティ，つまり「人間としてのアイデンティティ」が存在する。これこそ道徳的義務の根拠となる「道徳的アイデンティティ」であり，他の実践的アイデンティティに優越する。ジェンダーや職業に基づいて要請される義務であっても，「人間としてのアイデンティティ」に反するものであれば拒絶されなければならない。この道徳的アイデンティティの必然性から，コースガードもまた，カントと同じように普遍的に妥当する義務の導出を試みる。

　以上のように，カント，ロス，ロールズおよびコースガードの見解を「普遍的な義務」を認める立場として概観した。一見すると彼らの理論はまったく異なるように見えるかもしれないが，「倫理的な正しさは結果によって変わるものではない」とする反帰結主義的直観と義務の普遍性を共有するという点で，いずれも義務論的見解としてまとめられるだろう。

3 │ 第三の軸としての徳倫理学

...

現代道徳哲学批判と徳への回帰

　ここまで功利主義と義務論について説明してきたが，どちらにも多様な派生的理論が含まれており，いずれの立場も一枚岩ではない。だがそのすべてに共通するのは「様々な行為を統一的に評価できる一貫した原則がある」という想定である。我々がおこなうべき道徳判断の内容をうまく説明し，より適切に行

為の評価基準として用いられる原則を求めて，功利主義も義務論も洗練され続けてきた。ところがこれを疑って，そもそも倫理は明確に一貫した原則として言葉で表現できるものではない，と考える論者もいる。

　その典型例がガートルード・エリザベス・マーガレット・アンスコム（Gertrude Elizabeth Margaret Anscombe, 1919-2001）とバーナード・ウィリアムズ（Bernard Williams, 1929-2003）である。1950年代，アンスコムは20世紀前半の倫理学諸理論を総括し，それらはいずれも倫理的行為を「一貫した原則の体系」として整理しようとする誤った思い込みに基づいていると批判する。彼女の考えでは，そのような誤った前提を捨て，適切な道徳心理学に基づく新たな倫理学を構築しなければ，倫理学は単なる机上の空論と化してしまう（アンスコム 2020）。同じようにウィリアムズは，我々の人生にとって重要なのは特定の相手との友情や，自分自身がどのような生き方を目指しているのかという「人生の統合性」であるにもかかわらず，功利主義やカント的義務論はそれを無視して原則への忠実だけを求める点で間違っていると主張した（ウィリアムズ 2019）。

　彼らの考えでは，倫理学において洗練された一貫した理論は不要であり，それどころかまっとうな倫理的思考を歪めてしまう点で有害ですらある。そして硬直した現代倫理学理論の代替案として彼らが期待したのは，古代ギリシアの哲学者，アリストテレス（Aristotle, BC384-322）の思想だった。

・・・
新アリストテレス主義

　アリストテレスは近代以降の倫理学者とは異なり，我々にとって最も重要なものを人生全体の良さ，つまり「幸福な人生」であると考えていた。しかし，ここでの「幸福」は古典的功利主義が想定していたような快楽主義とはまったく異なる。アリストテレスにとって，幸福（エウダイモニア）とは人間として卓越している状態の活動を指す（アリストテレス 2015：1098b30）。幸福とは，望ましい性格特性を十全に発達させた状態で，人間としてのはたらきが開花繁栄していることだと言い換えることができる。適切な感情や行為は安定した性格特性から生じるものであり，幸福の生活には性格特性の卓越が不可欠である。それゆえアリストテレスは倫理的判断において最重要となる概念を「人柄の徳」，すなわち称賛に値する卓越した性格特性に見定める。

アリストテレスによれば，人柄の徳は「超過」と「不足」の双方を避けた「事柄の中間」である。つまり人柄の特徴は多すぎる場合も少なすぎる場合も不適切である。たとえば「勇敢さ」は代表的な徳の一つであり，危険に際して適切にそれを恐れつつ，それでも怯むことなく行為できる性格特性を指す。だが，種類としては同じ性格特性でも，事柄の中間を超えてしまうと悪徳になる。勇敢さの場合，その特徴を過剰に持ってしまい，真に恐れるべきものにもまったく恐怖を感じない人間は，勇敢というより無謀である。反対に勇敢さが足りず，恐れに怯んで怖気づいてしまうのは臆病である。よって「しかるべき時に，しかるべき事柄について，しかるべき人々との関係で，しかるべき目的のために，しかるべき仕方で」（アリストテレス 2015：1106b20）感情を感じて行為を実行できる人間だけが，有徳な人間と見なされる。

　フィリッパ・フットやロザリンド・ハーストハウスは，このようなアリストテレスの倫理学を，功利主義や義務論に対抗する第三の理論として再構築した。これが新アリストテレス主義である。たとえばフットは，動植物にそれぞれの種としての自然な善さがあるように，人間にも種としての自然な善さがあり，それが実践的合理性としての徳であると論じた（フット 2014）。ハーストハウスは，アリストテレスの徳倫理学が功利主義や義務論と重要な点で類似していること，そしてこれらと同様に行為の正しさ・不正さの判断基準でありうることを強調した。ハーストハウスの解釈では，徳倫理学では行為の正しさを次のような指針として示すことができる。

　　行為は，もし有徳な行為者が当該状況にあるならなすであろう，有徳な人らしい（つまり，その人柄にふさわしい）行為である時，またその場合に限り，正しい。

（ハーストハウス 2014：42）

たとえば勇敢さを例にとると，ある行為が，もしその行為者が勇敢であればおこなうはずの行為であれば，正しい行為として評価される。逆にいえば，その状況で悪徳の持ち主がおこなってしまうような行為であれば，それは間違った行為だということになる。またハーストハウスは判断の基準となる「有徳な行為者」の特徴をさらに精緻化していき，徳倫理学を功利主義や義務論とくらべ

ても遜色ない理論へと練り上げた。

　このように，徳を中心に据えた理論であっても行為の是非の評価基準として十分に有望であることが示されたことで，徳倫理学は功利主義，義務論と並ぶ主要理論として注目を集めていった。

・・・

ヒュームとニーチェ

　以上のように，徳倫理学はアリストテレスの再評価と連動する形で発展してきたが，アリストテレスだけが徳倫理学であると考えるのは早計である。西洋の伝統であれば古代のプラトンやストア派，中世のトマス・アクィナスらの徳倫理学があり，東洋の伝統であれば「仁」の徳を重視する孔子がいる。これらの哲学者はいずれも，道徳的評価の対象は行為ではなく人柄や性格であると考えている点で徳倫理学者である。

　こうした哲学者すべての徳倫理学について詳述することはできないが，ここでは，18世紀スコットランドのデイヴィッド・ヒューム（David Hume, 1711-1776）と，19世紀ドイツのフリードリヒ・ニーチェ（Friedrich Nietzche, 1844-1900）の二人を簡単に取り上げたい。彼らは，徳の開花繁栄を「幸福（エウダイモニア）」と見なすアリストテレスの思想とはまったく異なる根拠から，それぞれ徳の理論を構築しているからである。

　ヒュームにおいてもアリストテレスと同様，倫理的評価の基準は特定の性格特性としての徳に向けられる。ところが，徳と悪徳を識別する根拠としてヒュームが考えているものは，行為者自身の卓越性を念頭に置くアリストテレスとは異なり，それを評価する人々が感じる快苦である。

> われわれは，ある性格が快を与えるから，その性格が有徳だと推論するのではない。そうではなく，ある性格がそのような特定の仕方で快を与えているのを感じるとき，われわれは実際に，その性格が有徳だと感じているのである。
>
> （ヒューム 2019：32-33）

　ヒュームの考えでは，我々の感じる快楽と苦痛には様々な種類があり，そのなかでも有徳な人物を眺めることから生じる独特の快楽，悪徳の人物を眺める

ことから生じる独特の苦痛が存在する。徳と悪徳を感じる際の独特の感覚は「道徳感覚」と呼ばれ，その感覚には後天的に学習される人為的なものと我々が生まれつき持っている自然なものが混在している。こうして，ヒュームは正義などの人為的徳と，機智などの自然的徳を区別する。言い換えれば，ヒュームは他者の感情が決定打となり徳が判定されると考えており，このような立場を感情主義的徳倫理学と呼んでも間違いではないだろう。

これに対して，ニーチェは他者の感情をまったく重視しない。彼は，キリスト教道徳に代表される奴隷道徳，つまり高貴な人間を安全で無害な存在に変質させてしまう利他主義を拒絶する。しかし，それでも彼の思想は徳倫理学的でありうる。というのもニーチェが拒絶しようとしているのはあらゆる道徳ではなく，反自然的な道徳だからである。逆にいえば，自然な道徳であれば，我々はそれに従うべきである。

> 道徳における自然主義，つまり健全な道徳はどれでも，生の本能によって支配されている。(中略) 生の何らかの命令は，「なすべし」や「なすべからず」という特定の規範に満たされているのである。生を歩む途上で現れる妨害や敵対は，これによって取り除かれる。これとは逆に反自然的な道徳，つまりこれまで教えられ，尊重され，説かれてきた道徳は，おおむね生の本能に逆らっている。
>
> (ニーチェ 2019：44)

ニーチェは様々な著作で有徳さという価値基準を否定しているように見えるが，この一節で述べられているように，実際には自然に埋め込まれた規範に従い「生の肯定」を目指す，「徳倫理学的利己主義」とでも呼ぶべき立場としても解釈しうるのである (Swanton 2015)。

●●●

誤解を招くカテゴリー？

以上のように，徳倫理学は功利主義や義務論とは異なる見地から，我々の倫理的生活に指針を与えようとする。とはいえ，そもそも「一貫した原則」を争う現代倫理学への疑念に牽引される形でアリストテレスが再評価されたことをふまえると，徳倫理学を現代倫理学の議論の枠内に収まるようにと解釈するの

は危ういかもしれない。というのも，豊かな含蓄を持つアリストテレス，ヒューム，ニーチェらの思想を，結局のところ「倫理的行為の評価」という非常に狭い問題に限定してしまう結果になりかねないからである。

　しかしながら，徳の概念が有益なのは行為を評価する場合だけではない。たとえばリンダ・ザグゼブスキは，ハーストハウスらと同じようにアリストテレスに着想しつつ，徳の議論を「知識とは何か」「理解とは何か」という認識論の問題に応用するアリストテレス主義徳認識論を提唱した（Zagzebski 1996）。彼女はアリストテレスの人柄の徳を，善だけではなく真理を追求するものとして解釈する。人間の持つ様々な価値を狭い意味での「倫理」に限定すると，このような研究の意義を見落としてしまうかもしれない。

　また，徳倫理学を功利主義や義務論と競合する理論として解釈するのではなく，これらの欠点を補うために使うべきだと考える人々もいる。たとえば功利主義の項で触れたジュリア・ドライバーは，徳に関する議論そのものを帰結主義の枠組みに取り込んで，徳を「最善の結果を生み出す傾向にある性格特性」として規定する「帰結主義的な徳」の理論を提示し（Driver 2001），グローバル帰結主義の一部に組み込んでいる。

　それに対して，ハーストハウスは徳倫理学を功利主義や義務論に還元することに否定的である（ハーストハウス 2014）。しかし徳倫理学を「行為の倫理的評価基準」の問題に限定し，功利主義や義務論との違いを強調しすぎると，徳の概念が功利主義や義務論にとっても有用であることや，この概念が狭い意味での倫理だけでなく，人間の活動全般に対して持っている豊富な示唆を見逃してしまう危険があることには注意したい。

参考文献

—

アリストテレス　2015『ニコマコス倫理学　上』渡辺邦夫・立花幸司訳，光文社。

アンスコム，ガートルード・エリザベス・マーガレット　2020「現代道徳哲学」大庭健編『現代倫理学基本論文集Ⅲ　規範倫理学篇2』勁草書房，141-181頁。

ウィリアムズ，バーナード　2019「人物・性格・道徳性」伊勢田哲治監訳『道徳的な運——哲学論集1973〜1980』勁草書房，1-31頁。

カント, イマヌエル 2013『道徳形而上学の基礎づけ』中山元訳, 光文社。

コースガード, クリスティン 2005『義務とアイデンティティの倫理学——規範性の源泉』寺田俊郎他訳, 岩波書店。

児玉聡 2010『功利と直観——英米倫理思想史入門』勁草書房。

シンガー, ピーター 2015『あなたが世界のためにできるたったひとつのこと——〈効果的利他主義〉のすすめ』関美和訳, NHK出版。

セン, アマルティア 2016『アマルティア・セン講義——経済学と倫理学』徳永澄憲他訳, 筑摩書房。

堂囿俊彦 2018「義務論」赤林朗他編『入門・倫理学』勁草書房, 105-125頁。

ニーチェ, フリードリヒ 2019『偶像の黄昏』村井則夫訳, 河出書房新社。

ハーストハウス, ロザリンド 2014『徳倫理学について』土橋茂樹訳, 知泉書館。

ヒューム, デイヴィッド 2019『道徳について——人間本性論3』神野慧一郎他訳, 京都大学学術出版会。

福間聡 2007『ロールズのカント的構成主義』勁草書房。

フット, フィリッパ 2014『人間にとって善とは何か——徳倫理学入門』高橋久一郎他訳, 筑摩書房。

ミル, ジョン・スチュアート 2021『功利主義』関口正司訳, 岩波書店。

ラザリ＝ラデク, カタリナ・デ＆ピーター・シンガー 2018『功利主義とは何か』森村進他訳, 岩波書店。

ロールズ, ジョン 2010『正義論』改訂版, 川本隆史他訳, 紀伊國屋書店。

Driver, Julia 2001. *Uneasy Virtue*. Oxford : Oxford University Press.

—— 2012. *Consequentialism*. London: Routledge.

Ross, William David 1930. *The Right and the Good*. Oxford: Oxford University Press.

Swanton, Christine 2015. *The Virtue Ethics of Hume and Nietzsche*. Chichester: Wiley Blackwell.

Zagzebski, Linda Trinkaus 1996. *Virtue of the Mind: An Inquiry into the Nature of Virtue and the Ethical Foundations of Knowledge*. Cambridge: Cambridge University Press.

Case Study │ ケーススタディ1

規範倫理学の各理論は未完成か
理論の優劣を比較するには

神崎宣次

理論が多すぎる？

　倫理というものがあるとして，それを説明する理論が三つ（功利主義，義務論，徳倫理学）もあるのは多すぎるという感想を読者は持ったかもしれない。そんなにたくさん学ばなければいけないのは時間の無駄ではないか。どれか一つの理論に絞りきれていないのは，理論としての規範倫理学が十分に完成されていないことを意味するのだろうか。それとも，一つの「倫理」が存在するはずだという考えが，そもそも我々の思い込みに過ぎないのだろうか。

　本章の最後から二つめの段落では，徳に関する議論を帰結主義の枠組みに統合しようというドライバーの提案が，理論としての「完成」を目指す試みの例として挙げられている。それに対して最後の段落では，そのような統合に否定的な論者としてハーストハウスが位置づけられている。

　実際のところ，それぞれの理論から導かれる結論が大して違わないケースは少なくない。たとえば他者の尊重を考えてみよう。義務論はこれを普遍的な義務と見なすだろうし，徳倫理学では他者を尊重する人物は有徳と評価されるだろう。そして功利主義の立場からも，多くの人が他者を尊重することによって望ましい帰結がもたらされると主張されるかもしれない。

　こうした一致のケースから，三つの理論はすべて（少なくともそれなりには）倫理を説明している理論だと結論できるだろうか。これに対して，次のような反論を読者は思いつくかもしれない。他者の尊重が倫理的に正しいなんて，わざわざ理論を持ち出さなくても，誰でも常識的に分かっている。倫理の理論が必要とされるのは意見が分かれるケースである。仮にそうしたケースはそれほど多くないとしても，簡単には判断がつかない問題に向き合うときにこそ，人々は倫理学に関心を持つ。そして，そうしたケースに対して導かれる結論によって理論間の優劣がつくはずだ，と（このような議論については第14章で行われてい

る実験哲学についての議論を参照しよう）。

　本章で読者が理解した功利主義，義務論，徳倫理学のそれぞれの考え方によって導かれる結論が異なるようなケースとして，どのような問題や状況があるか考えてみよう。また，それぞれから導かれる結論を比較して，理論間の優劣を検討してみよう（検討を終えてから次に進むこと）。

理論に優劣をつけるには

　自分の検討の過程を思い出してみよう。どういう理由や根拠に基づいて，三つの理論の間に優劣をつけただろうか。倫理の観点から何が「正解」か，簡単には判断がつかないケースを考えたはずなので，優劣をつけられてしまうのは実は奇妙なことかもしれない。

　では自分の評価が適切であると確認するにはどうしたらいいだろうか。一つの案として，倫理学の完成した理論があればよい。けれども，その完成した理論がどのようなものかこそが，いま検討している問題なのである。では決着のついていない倫理学上の理論の優劣を検討するには，どのような方法がありうるだろうか。何に基づけば優劣の評価が可能になるだろうか。できるだけ多くの案を出せるよう，検討してみよう。

Active Learning ┃ アクティブラーニング 1

Q.1

功利主義と義務論に折り合いをつけるのは可能だろうか

ケーススタディでは徳倫理学と功利主義（帰結主義）を統合しようとする試みについて触れたが，功利主義と義務論についてはどのように考えられるだろうか。本章の内容を再確認したうえで検討しよう。

Q.2

効果的な利他主義について調べよう

本章では効果的な利他主義は客観的帰結主義の一種と見なされている。参考文献にあるシンガーの本などを参照して，より詳しく調べよう。また，どのような心理学や経済学の知見を活用しようとしているかも確認しよう。

Q.3

現代的な徳や悪徳があるか

本章では徳に関する西洋および東洋の伝統が言及されている。では徳と悪徳は昔から変わらないものなのだろうか。それとも現代的な，たとえば「脱炭素時代の徳」というものも考えることができるだろうか。検討してみよう。

Q.4

徳倫理学は本来もっと広い示唆を含んでいる

本章の最終節では，徳倫理学について現代の議論の観点から行為の評価基準にのみ着目することに対する懸念が述べられている。第8章を読んでから，もう一度本章の議論を読み直してみよう。

第2章

道徳感情論
ヒュームとスミスの倫理思想を学ぶ

林　誓雄

　本章では，「道徳感情論」について学ぶ。道徳感情論とは，道徳的善悪の区別は理性ではなく感情（感性）によって行われる，と主張する立場である。その立場を代表する思想家として，本章では18世紀イギリスの哲学者デイヴィッド・ヒュームとアダム・スミスを取り上げる。彼らは同時期に活躍し，同じ「道徳感情論」の立場に分類され，そして「共感」というメカニズムを自身の理論の中心に置くことでも共通する。しかし，二人の論じる「共感」が意味する内容，そしてその共感によって獲得される「道徳感情」の内実については，大きな違いがある。その違いには，「倫理・道徳」ということで，二人がどのような要素を重要だと考えているのかが反映されている。本章ではまず，二人がなぜ，倫理・道徳を感情に基礎づけたのかを解説したうえで，感情という人間の主観的なものが，どのようにして道徳の客観性を確保すると論じられているのかを確認しながら，ヒュームとスミスそれぞれの道徳観について，学ぶことにする。

KEYWORDS　#デイヴィッド・ヒューム　#アダム・スミス　#共感　#一般的観点　#公平な観察者

1 | ヒュームの道徳感情論

・

理性主義と感情主義

「つい，カッとなって人を傷つけてしまった」という人に対して我々は「感情に身をまかせるのではなく，どんなときでも理性的に振る舞うべきだ」と忠告することが多いだろう。このときに前提となっているのは，理性に従うことこそが倫理・道徳的なことであり，逆に感情に従うことは反倫理・不道徳なことである，という考え方（倫理・道徳の理性主義）である。こうした考え方は，倫理学の歴史においても中心的なものであった。その一方で，倫理・道徳は理性に基づくものではなく，むしろ感性・感情に基づくものだとする考え方がある。それが「道徳感情論（倫理・道徳の感情主義）」である。この「道徳感情論」を掲げたとされる代表格が，18世紀イギリスの哲学者デイヴィッド・ヒューム（David Hume, 1711-1776）とアダム・スミス（Adam Smith, 1723-1790）である。

　本節ではまず，ヒュームの思想に焦点を合わせて，どうして倫理・道徳が理性ではなく感情に基づくといわれるのかを確認することから始めよう。

・

道徳の実践性と非実在性

　ヒュームは，道徳が理性に基づくものではないことを，道徳的な行為の動機づけに関係する「道徳の実践性」と，道徳的な善悪の区別に関係する「道徳の非実在性」という二つの点から説明する。まず「道徳の実践性」について，ヒュームは次のように説明する。すなわち，道徳とは実践に（＝実際に行為することに）関係するものである。しかしながら，理性だけでは我々を行為へと突き動かすことができない。そのため，道徳が理性に基づくものだとする学説は間違っているのだ，と。

　なぜ理性だけでは，我々を行為へと突き動かせないのか。ヒュームによると，理性主義者たちの理論で用いられる「理性」には二つの働きがあるけれども，そのどちらによっても，人間の行為が直接引き起こされることはないからである。理性の一つめの働きは「論証的推論」と呼ばれるもので，これにより「5+7＝12」などの計算が行われたり，「三角形の内角の和は180度である」といった

数学的知識が発見されたりする。たしかに、どれだけ頑張って「3×8＝24」と計算してみたところで、我々人間の（頭脳以外の）身体のどこかが動くことはない。

　次に、理性の二つめの働きは「蓋然的推論」と呼ばれるもので、これにより「太陽は東から昇る」などの経験的知識が発見されたり、「炎は熱の原因である」などの因果関係が把握されたりする。なるほど、「炎は熱の原因である」のだから、炎に近づきすぎると火傷をしてしまうと考えて、我々は炎から少し距離をとろう、と動くことがある。そのため、この因果関係の知識をもたらした理性の働きが、人間の行為を引き起こしたと思われるかもしれない。しかし、因果関係の知識と、それをもたらす理性の働きが、人間の行為に「関係」することはあっても、直接行為を引き起こすことはない、とヒュームは述べる。というのも、炎から距離をとるときに人間を直接動かしているのは、火傷による「苦痛を避けたいと思う感情（嫌悪の情）」だからである。快を得たい「欲求」と苦を避けたい「嫌悪」、これら二つの感情こそ、人間が行為する際に直接的な役割を果たすのであって、理性は、どの方向に何があるのかを、欲求と嫌悪に示す役割しか持たないのである。

　さて、「道徳の非実在性」について、ヒュームは次のように説明する。すなわち、理性の働きは先に述べた二つのみである。そして道徳とは、理性のどちらの推論によっても、対象の側に発見できるものではない（対象の側には実在しない）、と。まず、理性の一つめの働きである「論証的推論」からは、数学的知識・関係が発見される。それは、①類似、②反対、③質の程度、④量と数の割合の四つの関係にまとめることができる。ところで、これら四つの関係は、道徳に関係する人間の心の性質や行為に当てはまるものであるけれども、それらだけでなく、石ころなどの無生物にも当てはまってしまう。仮に道徳が、これらの数学的関係に存するとするならば、石ころにも道徳的な善悪が認められなければならなくなるが、それはおかしなことである。かくして、数学的関係を当てはめても、道徳的区別をすることはできないのだから、道徳は論証的推論では捉えられないことが帰結する。

　次に、理性の二つめの働きである「蓋然的推論」からは、主として因果的知識・関係が発見される。ところで「恩知らず」、そのなかでも最悪とされる「子

（原因）による親殺し（結果）」について考えてみよう。ある人が，その親を殺す場合，その人は「恩知らず」の罪を犯した悪人だと非難される。その一方で，ある若木が大きくなり，しまいにはその親木以上の大木になって親木を枯らして（殺して）しまうとする。木による親殺しの場合にも「恩知らず（親殺し）」の因果関係が，人間の場合と同じく当てはまる。しかし人間の場合とは異なり，子どもの木が「恩知らず」の罪を犯した悪木だと非難されるとしたら，それはおかしなことである。かくして，因果関係を当てはめてみても，道徳的善悪を区別することはできないのだから，道徳は蓋然的推論でも捉えられないことが帰結する。どうやら，理性の働きのみによっては，道徳的善悪の区別はできないようである。

　それでは，道徳的善悪の区別は，どのようにして行われるのか。たとえば，「意図的な殺人」について考えてみよう。その悪行が行われる，まさにその瞬間をあなたが目撃するとして，あなたの目に映るものは何であろうか。殺人者が刃物を振るう行動，顔や雰囲気から伝わってくる殺人者の感情や動機などが，目撃者であるあなたに捉えられるすべてである。ところで，それらのなかに，悪と呼びうるものを，悪の性質を，捉えることはできるだろうか。どれだけ目を皿にして探しても，目に映る対象のうちのどれにも，「悪そのもの」を見つけることはできない，そうヒュームは述べて，次のように主張する。

　　あなたが自分の反省を自分自身の胸の内へと向けて，そして，自分の中に生じ
　　る，この〔意図的な殺人という〕行為へと向けられる否認の感情を見出すまで，
　　その悪徳を見出すことは決してできないのだ。

　　　　　　　　　　　　　　　　　　　　　（ヒューム 2019：29，〔　〕は筆者補足）

　ヒュームによると，道徳的善悪とは，「対象そのもの」や「対象間の関係」にあるのではなく，観察者の胸中に抱かれる感情によって区別されるのである。言い換えると，道徳的善悪を捉えるというのは，是認や否認の感情を抱くことなのである。

・
道徳的判断の原理 —— 共感と一般的観点

　ヒュームは，道徳が理性ではなく感情に基づくとする「感情主義」を展開する。しかし「感情主義」はすぐさま，次のように反論されることになる。すなわち，人間の感情のような主観的なものに道徳が基づくとするのはおかしい。なぜなら道徳的善悪の判定は，是認（スキ）や否認（キライ）といった個人的・主観的なものではなく，客観的なものであるはずだからだ，と。さて，ヒュームはこの反論に，どう応答するのだろう。

　第1章でも触れられていた通り，ヒュームは「徳（＝道徳的な性格特性）」を軸に議論を展開するため，徳倫理学の一種として位置付けられることがある。そして，ヒュームにおいて道徳的評価とは，行為者の人柄や性格に対して下されるものとして説明される。これについてヒュームは，次のように述べる。

> ある性格が道徳的に善い・悪いと呼ばれるような感じ・感情を引き起こすのは，その性格が一般的に，しかも，われわれの個別利害に準拠せずに考察される場合に限られる。
> （ヒューム 2019：34）

　評価対象となる人物の性格について，その善悪を判断する際には，それを①「一般的に」，そして②「われわれの個別利害に準拠せずに」することが必要だといわれている。それぞれ具体的にはどういうことだろうか。

　まず②「われわれの個別利害に準拠せずに」から説明しよう。これが意味しているのは，評価を下す観察者本人のものではない感情に基づいて，ということである。では，道徳的善悪の評価を下すにあたって採用されるべき感情は，誰のものであり，どのようにして獲得されるのだろうか。その答えは，観察者以外の「他人」から，「共感（sympathy）」によって，である。共感とは，相手の顔つきや会話に表れる様子・態度（「結果」）から，コミュニケーションなどを介して，その相手の感情（「原因」）を推論した結果，その相手が抱いていたのと同じような感情を観察者自身の胸中に再現することである。ヒュームは共感を「ある種の因果推論」として説明したうえで，共感が道徳的善悪の区別の主要な源泉だと主張する（ヒューム 2019：269）。

　とはいえ，個人的な「共感」では，依然として道徳の「客観性」が保証されないままではないか，といわれるかもしれない。ヒューム自身も認める通り，「共感」とは，それを働かせる人の立場や状況の変化に応じて多様に変動するものであるだけでなく，赤の他人よりも当人の家族や友人に対して，より強く働くものでもあるからである。そこで注目すべきなのが，①「一般的に」というもう一つの限定である。この限定について，ヒュームの説明を見てみよう。

　　仮にすべての個人が，ひとりの人物やその性格を，各々に固有の観点から現れるものとしてのみ考察しようとするならば，理にかなった言葉で一緒に会話をすることなど，われわれには不可能であったろう。それゆえ，そのように絶えず相容れない意見の不一致が生じることを防ぎ，事物についての一層安定した判断に達するために，われわれはある安定的で一般的な観点を定める。そして，われわれが何かを考える際には，自分自身の目下の位置がどのようなものであろうとも，つねに自身を，そうした観点に置くのである。　　　（ヒューム 2019：210-211）

　①「一般的に」の意味は，この引用に見られる「一般的観点」に立って，ということだと理解できる。とはいえ，「一般的観点」とは具体的にはどのような観点であるのだろうか。これについてヒュームは，次のように説明する。

　　誰かある人の道徳的な性格について判断を下すためには，その人にとっての身近な人々（narrow circle）しか見ないようにするのである。　　（ヒューム 2019：244）

　誰かが，筆者である私の性格の善し悪しを判断するとしよう。その際，仮に研究者としての私について判定するのであれば，観察者は，勤務先の大学の同僚や研究仲間からの評判（「教育や研究には熱心で誠実だが飲み会での支払いはケチだ」）を聞くことになるし，家庭での私について判定するのであれば，観察者が焦点を当てるべきは私の家族からの評判（「家事や育児には積極的だが不機嫌であることが多い」）ということになる。要するに，性格の善し悪しを判断するにあたっては，判断される人の性格の影響を一番よく受けていて，判断される人のことを一番よく分かっている人々に焦点を合わせるのである。こうして，観察

者が皆，判断される人の周りにいる「身近な人々」に焦点を合わせることによって，判断対象の人物が，観察者全員にとって同じように見えるようになる。「共感」という，揺れがあり，ともすれば依怙贔屓を助長しかねない原理に基づきつつも，道徳的評価の客観性は「一般的観点」に立つことによって，確保されることになる。

2│スミスの道徳感情論

スミスの共感論その1 ── 想像上の立場交換

　ヒュームと同様，スミスの道徳感情論も，その出発点となる原理は「共感」である。しかし，スミスの「共感」という言葉は，ただ感情を抱くということにとどまらず，その他の複雑な心の作用も含んだ広い意味で使われる。そこで，スミスの「共感」について，以下では段階を三つに分けて説明することにしよう。

　スミスによれば，人間とは皆，他人に関心を持つものとされる。そのため，自分とは直接の関係がないとしても，たとえばある人が，泣きわめいている他人を見かけると，その他人に関心を寄せて，その他人と同じような感情を自分も抱こうとする。とはいえ，他人の胸の内を直接覗き込むことはできない。そこでその人は，想像力を働かせてその他人に「共感」するのである。

　このときの共感の働き方は，「想像上の立場交換」として説明される。すなわち，我々は想像のなかで自分自身を，共感する相手の状況や立場に置いてみて，自分がその相手と同じ状況や立場にあるとしたら，どのような感情を持ち，どのように行為するだろうかと想像してみるのである。まずはここに，ヒュームとの大きな違いを見て取ることができる。ヒュームの「共感」は，相手の抱いているであろう感情を，相手の表情や仕草などから推測することによって，自分の胸中にそのまま再現することであった。一方，スミスの「共感」は，相手の感情ではなく，共感する相手の置かれている立場や状況に焦点を当てることによって生じる。たとえば，あなたが友人のお葬式に行ったとき，身内を亡くした友人がひどく悲しんでいるとする。ヒュームの場合，悲しんでいる友人，そして悲しんでいる友人が実際に抱いているであろう悲しみの感情に焦点が当

てられる。これに対してスミスの場合は，想像上の立場交換によって，身内を亡くすという状況や立場に焦点が当てられ，その状況や立場において抱かれる"はず"の悲しみを獲得することになる。ヒュームの場合は，共感する相手と同じような感情が獲得されるのに対し，スミスの場合に獲得される感情は，共感相手の感情と一致するとは限らない。この「獲得される感情の一致・不一致」が，ヒュームとスミスの大きな違いといえる。そしてこの違いがあるからこそ，スミスの共感論は次の段階に進むことになる。

スミスの共感論その2── 抱かれる感情の適切さ（適宜性）

想像上の立場交換によって他人の感情を獲得すると，次の段階として「想像された自分の感情」と「実際に観察される他人の感情」との比較へと進むことになる。そして，比較をした結果，仮にそれら二つの感情がほぼ一致するような場合には，その他人の感情を「適切なもの」として観察者は「是認（イイね）」する。他方で，一致しない場合には，「不適切なもの」として「否認（ヨクナイね）」する。二つの感情を比較して「適切さ・不適切さ」（これを「適宜性」と呼ぶ）を判定することから獲得される「是認・否認」の感情が，スミスにおける「道徳感情」である。たとえば，友人のお葬式に参列して，同じく参列している人のなかにニヤニヤ笑っている人物がいるとする。観察者としてのあなたは，想像上の立場交換と実際の人物を見て獲得した二つの感情の比較を行い，それらが一致しないことから，その人物の態度が場違いで不適切なものだと否認し，その人物の性格が道徳的に劣っていると評価するのである。

スミスの共感論その3── 他人の評価から自分の評価へ

以上が，スミスにおける道徳的評価の仕組みである。ところが，スミスはここで終わらずに，共感論をさらに第三段階へと進める。その段階では，感情の比較を通じて観察者が獲得した「是認・否認」の感情が，評価される相手に伝わるという事態が説明される。「是認・否認」の感情が伝えられた相手は，自身の感情や態度，あるいは行為が，自分以外の人に認められた・認められなかったことを知って，快い・不快な気持ちになる。

たとえば，あなたが希望する大学に受かったことをあまり喜んでくれない友

人がいたとする。そのような幸せな状況ならば，友人として喜ぶのが当然だとあなたが考えているとすれば，それが否認の態度となって友人に伝わり，その友人は不快感を獲得する。さらにその友人は，その不快感がもたらされた原因を，その状況や立場にふさわしくない感情や態度を自身が示していたことであると考えるのであれば，それが理由となって，自身の感情や態度を改めようとするようになる。

　このように，観察者の是認・否認に由来する快・不快が，評価される相手に伝わることで，評価される相手はその快を求め・不快を避けようとして，自身の行動や態度を変えるようになる。そして，こうした複雑な感情の相互交流が，スミスの場合には特に，他人から自分へと，評価の方向を変化させるきっかけともなる。すなわち，他人に対する評価を繰り返すうちに我々は，他人もまた我々自身の感情や行為に関心を持ち，我々に対して是認や否認の情を示してくることを経験するようになる。そうするなかで我々は，自分の感情や行為が，他人の目にはどのように映っているのか，是認されているのか否認されているのかを知りたいと思うようになる（Cf. 堂目 2008：30-31）。

・・
公平な観察者

　我々は観察者としての経験と，評価される対象としての経験を積み重ねるうちに，できるだけ「他人」から是認されたい，少なくとも「他人」から否認されたくないと願うようになる（Cf. 堂目 2008：32）。ところで，この「他人」とはいったい，誰のことなのだろうか。「是認・否認」が「道徳的」評価の感情であるからには，この「他人」が誰であってもよいわけではない。つまり，ヒュームのときと同じくスミスも，道徳的評価の客観性の問題に取り組まねばならない。そしてこの問題に対するスミスの解答においても，ヒュームとの大きな違いが明らかとなる。

　ヒュームにおいては，家族や友人などの親しい人たちが「身近な人々」として認められる場合には，彼らの意見や感情を「道徳的評価の基準」として採用することが可能であった。これに対してスミスにおいては，そのように「自分」に対して愛着や好意を持つ可能性のある「身近な人々」は歪んだ判定を下しがちであるために，道徳的評価を下す「他人」として不適切であるとされる。ス

ミスにおいて「自分」に対する適切な判断の基準を与えてくれるのは,「自分」と利害関係になく,そして「自分」に対して特別な好意や敵意を持たない第三者,すなわち「公平な観察者」たちだけである。

公平な観察者とは,①個人的利害にとらわれていない,②個人的感情にとらわれていない,③関連する事情に通じている,という三つの特徴を持つものであり,道徳的評価を下すにあたっての「理想的な観察者」とされる。もちろん,道徳的評価を行う際に,そのような理想的なものが,急に突然,どこかから降ってくることなどない。そうではなく,我々は,観察者として評価を下す経験と,評価を下される側の経験とを積み重ねつつ,社会において「公平な観察者」たちが他人の感情や行為をどのように評価しているのかを学び,そうした経験と学習とを通じて,自身の胸中に「公平な観察者」の基準を徐々に形成していくのである。

それでは,そのようにして形成された「公平な観察者」の基準によって,「自分」に対する道徳的評価はどのようにして下されるのだろうか。スミスはその説明を,裁判との類比において行っている。まず,「自分」自身を,「行為者:裁判を受ける被告」と「公平な観察者:裁判官」との二人の人物に分割したうえで,「公平な観察者」であれば「自分」の感情や行為について,どのように評価を下すだろうかと考える。「公平な観察者」が「適切」だと「是認」する動機によって,「自分」が他人に親切な行為をした場合,この「公平な観察者(裁判官)」の「是認」に共感することによって,「自分(被告)」は自らを称賛するのである。そして何より重要なことは,人間はその後も,「公平な観察者」の是認を得られるような行為をする存在へと,すなわち「有徳な行為者」へと成長しようと努力し続けるものであるとスミスが考えている点である。スミスは「公平な観察者」を「良心」とも言い換える。それはスミスが,この良心の働きによって,人間が道徳的に成長していくものであることを示そうとしているからである。

ヒュームにおいてはそれこそ,他人との会話における意見の不一致に由来する「不快に対する嫌悪」によって,「一般的観点」へと我々は導かれるのであった。これに対し,スミスにおいては,他人に是認されたいという「快への欲求」が,「公平な観察者」を作り上げる原因となるのであり,自身の行為を律する理

由ともなる。ヒュームの場合は，倫理・道徳とはイヤイヤやるものであるのに対し，スミスの場合は，倫理・道徳とは自ら率先してやるものとして捉えられているともいえるだろう。

3│ヒュームとスミスの道徳観

　以上をふまえて，ヒュームとスミスの道徳観の違いについて考察してみよう。両者はともに「共感を通じて道徳感情を獲得する」という大きな枠組みは共通するものの，「共感」ということで意味されている内容，および「道徳感情」に関して，まずは大きな違いが見て取れた。そして両者はともに，道徳的評価における客観性の問題に取り組んでいたことも共通する一方，道徳的な観点については大きな違いが見て取れた。

　まず，ヒュームの「一般的観点」は，評価対象となる人を取り巻く「身近な人々」の視点として説明されており，これは，観察者の外にある「実際の観点」として理解することができる。一方で，スミスの「公平な観察者」は，観察者の胸中に徐々に形成されていく「利害関心や個人的な感情にとらわれていない，事情に通じた人」の視点として描かれており，これを，観察者の内に形成されていく「理想的な観点」として理解することができる。そして，こうした道徳的観点の違いからは，次のような道徳観の違いが浮かび上がってくる。

　たとえば，真夜中に歩行者用の赤信号が灯っている横断歩道の前にあなたが立っていたとする。車は一台も来ておらず，しかも周りであなたを見ている人は誰もいない。このとき，あなたは赤信号の横断歩道を渡るだろうか。ヒュームの考えに従うならば，車にひかれる危険性がないという利益にかられて，あなたはつい，横断歩道を渡ってしまうかもしれない。そしてまた，あなたが渡ってしまう理由の大きな部分を占めるものとしては，あなたのその行為を観察する他人が周囲にいない，ということが指摘できるだろう。まさに，倫理・道徳における「他人」という存在の重要性をヒュームは重く見ているように思われる。

　もちろん，ヒュームにおいては「習慣」という心の作用が倫理・道徳の場面でも重要な役割を果たすものとして説明されており，「赤信号では横断歩道を渡

らない」ということが完全に習慣として身についている人は，車にひかれるかどうかにかかわらず横断歩道は渡らないのかもしれない。しかし，それでも人間とは，遠くにある利益の方がどれほど大きいかが分かっていても，目の前の小さな利益に飛びついてしまう性質を持つものと考えられており，そのために，おそらくは渡ってしまうことの方が多いように思われる。

　一方，スミスの考えに従うと，胸中に「公平な観察者（良心）」が形成されているような人ならば，横断歩道を渡ることはないだろう。というのも，周りに見ている人が誰もいなくても，「公平な観察者」が胸中にいて，その「是認」を求める気持ちが，あなたを立ち止まらせるからである。スミスにおいては，倫理・道徳における自己反省や自律が重要視されていると理解することができるだろう。スミスによれば「人間とは，称賛だけでなく，称賛に値することを，つまり，誰からも称賛されないとしても，称賛の自然で適切な対象であるものになることを欲する」（スミス 2003：379。訳は一部改変している）ものなのである。

　このように，ヒュームにおける「有徳な行為者」とは，「情念の闘争のうちにある存在」（柘植 2003：133）であり，しかも「他人」の存在や「他人」の感情が重視されているといえる。このことからヒュームを，「他律的な倫理学」を論じるものとして捉えることができるだろう。他方で，スミスにおける「有徳な行為者」とは，「良心によって自己を反省し，良心の統制に従って行為する」（柘植 2003：133-134）存在である。「自分」のなかにある「良心」や「自己統制」が重視されている点から，スミスを「自律的な倫理学」を論じるものとして捉えることができるだろう。そしてこうしたスミスの「自律的な倫理学」は，後代のイマヌエル・カント（Immanuel Kant, 1724-1804）の「自律の倫理学」へ受け継がれていったと見ることができるのかもしれない。ひるがえって，ヒュームはというと，現代に至って「ケアの倫理」につながるものとして引き合いに出されることがある。哲学者マイケル・スロート（Michael Slote）は，ヒュームらの思想を出発点に置きながら，「思いやり（ケア）」を軸に据える「ケアの倫理」を展開する（スロート 2021）。その「ケアの倫理」において鍵となる「共感」の働きは，スミスのような「胸中の公平な観察者が示す“あるべき”感情」を想像するものではなく，ヒュームのような「目の前の他人が実際に抱いてい

る感情やニーズ」をそのまま受け取るものとして示される。スミスが「人間として，あるべき理想の倫理学」を論じている一方で，ヒュームは「現実の弱くて脆い人間にとっての倫理学」を論じている，そのように二人を捉えることができるのかもしれない。

参考文献

スミス，アダム　2003『道徳感情論　上』水田洋訳，岩波書店。
スロート，マイケル　2021『ケアの倫理と共感』早川正祐・松田一郎訳，勁草書房。
柘植尚則　2003『良心の興亡──近代イギリス道徳哲学研究』ナカニシヤ出版。
堂目卓生　2008『アダム・スミス』中央公論新社。
ヒューム，デイヴィッド　2019『道徳について──人間本性論3』神野慧一郎・林誓雄訳，京都大学学術出版会。

Case Study | ケーススタディ 2

SNSの時代の共感
「身近な人々」との共感による暴走

神崎宣次

　インターネットの普及により人々が各自の意見を表明すると同時に，多様な意見に触れることも可能になった。他方で，同じ思考や主義を持つ人たち同士がつながりやすくもなり，その結果として人々の意見がより極端な方向に先鋭化するという現象も生じている（総務省 2019：102）。そうした現象には「エコーチェンバー」や「フィルターバブル」と呼ばれるものが含まれる（これらについては，第12章のケーススタディの説明を参照のこと）。

　SNS（ソーシャルネットワーキングサービス）の利用者が自分と似た意見を持つ利用者をフォローしたり，SNSのアルゴリズムが利用者の閲覧履歴や評価履歴を分析して「あなたが見たいだろう」情報を「おすすめ」してきたりする。その結果として，各利用者はもともと自分が共感しやすい意見や見解のみに取り囲まれてしまい，自分の意見を適切に補正する機会を失ってしまうかもしれないという懸念がある。

　また，SNSなどで不用意な発言をした人物（あるいは「したことになっている」人物）などに対して，その人物への反感を共有した不特定多数の人々による攻撃が行われる場合もある。一度「攻撃してもよい人物」というレッテルが共有されてしまうと，なかなか忘れられないという状況が生じてしまう。

　さらには感情に訴えかけるよう意図的に流されたフェイクニュースがSNSなどを通じて拡散され，エコーチェンバーやフィルターバブルに取り込まれて，その内部での共感の増幅と意見のさらなる先鋭化をもたらす可能性もある。フェイクニュースはそうして差別や暴力などを誘発しようとする企みであり，社会にとって有害で危険といえる。そのためフェイクニュースへの対抗策として，日本でもファクトチェックの試みが行われるようになってきている。

　本章で説明されているように，共感に基づく倫理学理論では見解を補正するメカニズムが重要な要素となっている。もしそれが適切に機能しないと想定す

べき状況が存在するのであれば，ヒュームやスミスの理論は，それらが構想された時代では想定されていなかった（しようのなかった）現代に特有の状況においては，理論としての有効性に制限が生じてしまうということになるかもしれない。

　本章を読み直して，ヒュームやスミスが理論を形成するにあたって想定していた具体的状況と，現在のインターネットやSNS上での人々の関係の間に，どのような違いを挙げることができるか検討してみよう。また，現代のオンライン上での人間関係において共感を補正する方法があるとすれば，どのようなものが考えられるかも検討してみよう。

参考文献
—
総務省　2019『令和元年版　情報通信白書』。
日本ファクトチェックセンター　https://factcheckcenter.jp（2023年1月16日閲覧）。

Active Learning | アクティブラーニング 2

Q.1

遠く離れた人々への共感には限界がある?

海外援助の義務について，第1章でも取り上げられた効果的な利他主義に関連して，シンガーがどのように論じているかを確認しよう。

Q.2

将来世代も「遠く離れた人々」

将来世代の人々を倫理的な議論や持続可能性の議論のなかにどう組み込むかという理論的な取り組みは，様々な形で行われてきている。最近の取り組みの一つである「フューチャー・デザイン」について調べてみよう。

Q.3

誹謗中傷への「いいね」

SNS上での誹謗中傷が社会問題となるなかで，そうした投稿に対して「いいね」したりリツイートしたりして「共感を示した」行為の責任が問われるケースも出てきている。日本でこれまでに出された判決を調べてみよう。

Q.4

情報的健康

ケーススタディで扱った問題に関連して，鳥海不二夫と山本達彦は「健全な言論プラットフォームに向けて――デジタル・ダイエット宣言 version 1.0」という共同提言を2022年に発表している。これについて調べよう。

第3章

社会契約論
何に同意するのが理にかなっているのか

中村隆文

　本章では，近代啓蒙思想を代表する「社会契約論」が，思想史のなかでどのように展開され，どのような影響を及ぼしてきたのかについて学ぶ。古くは17世紀にトマス・ホッブズによって打ち出された思想が，ロックやルソーへと受け継がれるなか，「政治に対する市民のアクセス権」「政治権力に対する民主主義的コントロール」の必要性を理論的に提示していったその功績は評価に値するものである。そこに内在していた「リベラリズム」と「（議会制）民主主義」というものが独立的に派生し，それぞれが確固たる地位を築いて今に至ることを鑑みれば，社会契約論というものほどインパクトのあるものは類をみないといってよいだろう。

　20世紀後半には，多種多様な価値観の共存可能性を公平な形で模索する正義論の文脈において再注目され，その後も社会科学や人文科学の分野で今なお影響力を誇るこの思想の意義を知ることは，現代の我々がいかに社会と向き合うべきかを理解するためにも不可欠といえる。本章は，代表的な社会契約論の理論構造を説明しつつ，思想史をたどりながら社会契約論そのものの意義を示してゆく。

KEYWORDS #同意 #法 #権利 #理性 #個人

1 | 17世紀の契約論

·

社会契約とは何か

　社会契約論（social contract theory）とは，社会的関係（とりわけ政治的関係）というものを一種の同意契約と見なしつつ，いかなる統治や規範に正当性があるのかを明らかにする理論のことである。その理論内において，政治的権限の限界や正当化条件を示すという点では政治哲学の理論であるが，「同意すべき正しき法とは何か」を論じる点では法哲学の理論ともいえる。もっともその根幹には道徳的理念が根を張っており，人文科学である倫理学とも関連がある。

　古くはトマス・ホッブズ（Thomas Hobbes, 1588-1679）の『リヴァイアサン』（1651年），ザミュエル・フォン・プーフェンドルフの『自然法と万民法』（1672年）（その要約版『自然法に基づく人間および市民の義務』（1673年）は現在日本語に翻訳されている），ジョン・ロック（John Locke, 1632-1704）の『統治二論』（1690年），ジャン・ジャック・ルソー（Jean-Jacques Rousseau, 1712-1778）の『社会契約論』（1762年）といったものに代表される，いわば近代啓蒙思想の一種であった。20世紀半ば以降には，ジョン・ロールズ（John Rawls, 1921-2002）の『正義論』（1971年）をはじめ，ロバート・ノージック（Robert Nozick, 1938-2002）の『アナーキー・国家・ユートピア』（1974年），デイヴィッド・ゴティエ（David Gauthier）の『合意による道徳』（1986年）などにおいて，個々人の多様性を尊重するリベラリズム（あるいはリバタリアニズム）の一種として現代的に再構成されている。

·

ホッブズの契約論

　社会契約論の祖ともいえるホッブズのそれは，利己的な諸個人がいかに同意契約をもって政治社会を形成しうるかを描きつつ，なぜ個々人は政治権力（国王）による統治を受け入れるべきか，その理由を説明するものである。議論の前提として，国家や政府といったあらゆる政治権力や法などが存在しない初期状況，すなわち「自然状態（state of nature）」と，個々人が有するところの「自然権（natural right）」という想定のもと，そこでの戦争状態を克服するための政

治権力の必要性が導出され，その権力による統治こそ，理性の法としての「自然法」と一致したものであることが論証される（とはいえ，自然状態や自然権の概念それ自体は，国際法の父グロティウスなど，それ以前の自然法思想全般に見ることができる）。

　ホッブズにとって自然権とは「餓死しないこと」や「他者からの攻撃に対する防御」などの生命維持はもちろんのこと，自身がその自由意志に基づきいろいろな選択ができるものすべてに及ぶ（神が被造物であり自然の一部としての人間に与えてくださった力能すべて）。とはいえ，実際には人間の能力は限られており，自然状態のもと自然権をうまく行使できるとは限らない。他人よりも幾分か知恵や力がある個人であっても，人間はおよそ等しく作られているので，寝込みを襲われたり，多勢で襲いかかられたりすると負けることもある。そして，人間にはやはり等しく「情動性」「利己性」「自己防衛」「攻撃性」が備わっており，自分がほしいものは他人もほしがるわけで，だからこそそれぞれが自身の自然権を行使する形で食料や資源を自分のものにしようとし，「万人の万人に対する戦争状態」となる。長期的に見れば，各人の自然権行使の大前提である「生存」がそこで脅かされているともいえる。

　そもそも，統治者や法などがない自然状態では何をしても不正にはならないので誰もがなるべく大きな資源を根こそぎいただこうとするし，遠慮していては生き残ってゆけない。しかし，だからこそ戦争状態という不都合もそこで生じてしまう。ただし，人間は欲望にとらわれる利己的動物ではあるが，理性もまた与えられており，少し考えれば，その戦争状態から，より良い状態へ移行するための方策である平和の法（第一の自然法）の重要性を理解するに至る。

　しかし，平和の法のもとで生きるためには，各々が本来持っていた自然権の一部を自発的に譲渡・放棄すべきということは自明である（第二の自然法）。つまり，それぞれ相争うライバルたちとの間で，ある種の「協定（pact）」もしくは「信約（covenant）」といったもの（いわゆる同意契約）が結ばれる必要があるのだが，しかし，こちらが自身の自然権を譲渡して諦めたとたんに相手が根こそぎ資源を持ち去っていったり，あるいは自分が武器を捨ててしまったとたん，相手から刃物で刺されて自分の財産を奪われてしまったりしてはたまらない（相手も同様に考える）。

　そこで，各々は，自身が所有していた実力行使の権限を公平な第三者へと委託することで自然状態からの脱出を試みる。その第三者は，第二の自然法を守るように人々を管理（ときに処罰）する統治を行い，人々の生活を自然状態よりも良いものとする。ここにおいて「人々は他人の権利を侵害することなく，統治者の命令（法）に従いつつ，結ばれた信約（相互不可侵）を履行すべき」という市民社会の法が成立する（第三の自然法）。

　こうして，理性的個人は自発的な社会契約のもと，自らをその一つの人格に統合するようなコモンウェルス（commonwealth），すなわち「リヴァイアサン（Leviathan）」を生み出し，その統治と保護のもとで本来重要視していた「生存」が最大化され，そして手元に残された自然権を他人に迷惑をかけない限りで行使しながら，そこでの法（市民社会内部において具現化された自然法）を順守する市民・国民として幸福な生活を送れるようになる。これがホッブズの社会契約論である。

　ともすれば，こうしたホッブズの理論は，第三者であり統治者である絶対君主を擁護し，市民革命を否定するようなロジックとしても解釈できるが，「個人」というものから社会契約を出発させたホッブズのそれは，その後のリベラリズムを生み出す先駆的仕事であったともいえる。

・

ロックの契約論

　ロックの契約論についてであるが，各人は自然状態において，それぞれが自身に与えられた「生命」「健康」「自由」を駆使し，労働に勤しみ，「財産」を獲得する。これら一連のものがロックにとっての自然権である。そして，理性的な個々人のそうした「所有（property）」とは，他の人々（公共）の尊重と並行的な形で成立する。これは有名な「ロック的但し書き（Lockean proviso）」と呼ばれるものであるが，それは，個々人が自然に労働を混入して生み出したものをそれぞれ所有できるのは，他の人々にとって必要なものが充分に残されている場合に限る，というものである。つまり，水や食料や土地を自分のものと主張するためには，他の人々にもそれが充分に残されている限りにおいてであり，ゆえに自然状態における理性的人間同士であっても自然法に沿っている限りはこの但し書きを守っているはずなので戦争状態とはなりえない。

　しかし，個人の能力は限られており，一致団結して協力してこそ実現可能な幸福というものもあるし，ときに個人間で生じる争いを収めるという点でも，政治権力というものは必要である。もっとも，そのような政治権力が個々人の自然権を侵害するのであれば，わざわざ政治社会で生きるメリットなどない。つまり，個々人は自然権を保障してもらうことを条件に，その統治機構の指示に従うといった同意契約を行うのが理にかなっているが，統治機構がその約束を果たさない限りはその統治から離れたり，抵抗・革命を行ったりしてもよいことになる。この点で，政治権力はリヴァイアサンなどではないし，そうであってはならない。ともすれば圧制ともなりかねない政治権力に関し，ロックは議会制民主主義こそがそれをコントロールできると示唆する。その一例として，自然権の一つである財産権は，議会における課税同意権のもとで保障されるというものであるが，これは後のアメリカ独立時における「代表なければ課税なし」というスローガンの理論的基盤ともなった。

　こうしたロックの社会契約論は，近代の幕開けとしての個人主義的リベラリズム（古典的リベラリズム）を打ち出したものともいえるが，しかし，その理論的背景には，中世のマグナ・カルタから積み重ねられたイングランドのコモンローのもとでの「法の支配」というものがある。ゆえに，その社会契約論において抵抗権・革命権が認められているからとはいえ，君主制やコモンローそのものを否定するような（ルソーのような）改革的な啓蒙思想とは一線を画すものである点には注意を払う必要があるだろう。

2｜18世紀の契約論

ルソーの契約論

　ルソーの社会契約論は，ホッブズともロックとも，その前提および結論が大きく異なるものである。その流れをまとめるならば，①本来，自然状態とは戦争状態でもなければ個々人が勝手に暮らしていたわけでもなく，人々は同情心や公共心をもって平和的に共存していたが，②そこに私有財産制と個人主義が蔓延ることで，人々は同情心や公共心をなくし，政治社会それ自体もそれに対応する形で歪み，公共のための政治が行われることなく不平等のもと社会的分

断が生じてしまったので，③現状を改善するためには，欲求や感情まかせではなく，普遍的な（どの立場からも共通的な）理性に基づく意志（一般意志）のもとで政治参加しながら，公共的で正義にかなった政治社会へと改革すべき，というものである。

　ルソーにとっての社会契約とは，それを通して各人がすべての人と結びつきながら，しかも自分自身にしか服従せず，以前と同じように自由なままでいられる形態とのことであるが，これについて説明してゆこう。

　ルソーからすれば，社会契約というものを，「統治者Ａ（政治権力側）と被統治者Ｂ（市民側）との同意契約」と見なすことは適切ではない。というのも，Ｂが政治社会における自由（財産を守られつつ，安心しながら経済活動を行うなど）を統治者Ａによって与えられる，という契約があるとしても，Ａが契約違反をすることで，その被害をＢが負ってしまう可能性はつねに残されているからである。誰かに自分を委ねる限りはつねに契約違反や搾取，そこからのトラブルが起こりうるが，自分に自分を委ねる限りではそのようなことはありえない（理性的である人間は通常，自分で自分を裏切らないので）。すると，あたかも自分自身に自分を委ねるかのような擬制的なあり方が必要となる。それはどのようなものかといえば，その社会におけるみんながそれぞれ自発的意志のもとで共同体そのものに対し自分自身を委ねる，というものである。

　これは，共同体において「あなた」と「私」があたかも共同経営者のように，分割不可能な主権者としてその意志を共同体に預け，そしてその意志を受けた共同体が「あなた」と「私」に利益や権利をきちんと保障するようなシステムといえる。もちろん，状況によっては「あなた」の方へ多く行き渡ったり，「私」に多くが行き渡ったりするなどの偏りもあるかもしれないが，それが公平性に則っている場合，理性的であれば誰も文句をいうことはない（自分が逆の立場になったときにそれを受け入れることも含め）。社会全体の意志としては，そこに自らを委ねた当事者すべてを等しく尊重しながら，公平な形で発展してゆくことが理にかなっている。そこに，個々人の個人的事情や私的利益が入り込むべきではない。

　このような政治社会では諸個人の幸福，自由，平等が実現されていると考えられる。このための社会契約を行う当事者たちの「意志」のあり方は，①互い

に協力的であり、自身に対する権利主張と同様に、他人の権利を否定したり、他人を社会から排除したりしないこと、そして、②使用するルールや政策については、共に公平なもの、公共的なものには自発的に従おうとするものでなくてはならない。これが、ルソーが社会契約という政治参加において不可欠と見なすところの「一般意志」である。

　つまり、各々の一般意志のもと結集した「我々」は、その各構成員を機械の歯車のように利用したり捨てたりせずに、すべての個々人を正義の法に沿って取り扱い、そして自由意志を持った個人として尊重し、その社会的恩恵を全員に——理性的観点から公平に——与えようとする。そこでの主権者たちは市民全員であって、ホッブズのようにその主権を特定の誰かに譲渡しているわけではないので誰も隷属状態ではないし、ロックのように誰かを政治的代行者に立てるわけではないので裏切られたり搾取されたりするようなリスクも避けられる（この点で、当時のイギリスのような間接民主制ではなく、当事者全員が参加するような直接民主制をルソーは良しとする）。

　ルソーにいわせると、ホッブズやロックが想定する個々人はそれぞれの個人的利益のみを追及しようとする「特殊意志」に従っているに過ぎない。そんな個々人が「自分の利益をうまく享受するためには……」と同意契約したところで、そのあり方はリスクを伴うものであるし、そんな社会参加のもとでは理想的な政治社会は実現されることはない。もちろん、そうした特殊意志が集団的なものとして総和的な「全体意志」を形成し、政治が行われることはあるだろう。しかしそれは政治社会においては単なる多数決的な、あるいは権勢にまかせた政治的意志決定に過ぎないものであり、そこにおいて万人の自由や平等が尊重されるものではない。全体意志のもとでは、異なる徒党同士が対立したり、徒党内での権力争いが起こったりするだろうし、ときに政治的敗者は悲惨な目にあってしまったり、社会的弱者はその境遇をまったく配慮されなかったりもする。これでは、「自分を裏切らない自分」が政治をしている状態ではない。つまり、こうした特殊意志やその総和である全体意志（集合的意志）には、きちんとした社会契約のための「理性」が欠落しているのである。理性的な市民による社会契約とは自身も他人も等しく尊重する「一般意志」に従った意識的な政治参加のことであり、だからこそ、参政権を持った（あるいは持つであろう）人々

においては「理性への目覚め」，すなわち「啓蒙」が必要となる。

　こうしたルソーの思想は，その後のフランス革命にとどまらず，その後の民主主義思想や人権思想にも大きな影響を及ぼしたといえよう。

カントの契約論

　イマヌエル・カント（Immanuel Kant, 1724-1804）の社会契約論は，彼の実践理性や倫理学的原理をそのまま市民社会論へと持ち込んだ倫理学的色合いが強いものであり，従来の（とりわけイングランド的な）契約論とは多少趣が異なるものである。個々人が自然状態から国家を構成するに至るまでの社会契約（根源契約）を歴史的事実ではなく理想（あるいは可能性）として描き，そこに理想化された政治社会を投影している点ではルソーと類似している（ロックは，ある意味では社会契約を歴史的事実と見なしていた節があるが）。

　カントは，社会契約のもとでの市民のあり方は，各人が「人間として自由であること」「臣民として他者と平等であること」「市民として自律していること」をアプリオリな原理とすべきと主張する（「理論と実践」『カント全集14』187頁）。これらの原理に沿ったルールを適用したものこそが，理性的人間同士が自律的にそれに従うことを同意するところの「法」であり，そのような法が機能する市民社会こそが，彼が理想とする「目的の国」ということになる。この点をふまえれば，彼の社会契約論は，『人倫の形而上学の基礎付け』（1785）や『実践理性批判』（1788年）でも展開されていた倫理学的主張を，政治哲学・法哲学へ導入したものといってよい。このカント的な理念を組み込んだ社会契約論は，一般的な認知度としては——ホッブズやルソーに比べると——そこまで高くないものの，現代においても継承されているといえる。

3 | 契約論その後

衰退と再注目

　17世紀に登場した社会契約論には，人々を支配していた統治権力が「理性的な法の支配」に沿ったものであるかどうかを確認するという意義があったが，そこには中世以来続く，普遍的な「自然法（natural law）」の理念が念頭に置か

れていた。しかしこの自然法思想は，社会契約論とともに，18世紀後半にかけて次第にその存在感を失ってゆく。

　社会契約論への批判としては，すでに18世紀半ばにデイヴィッド・ヒュームなどから「そのような社会的事実はない」とか「不満だからといって社会契約を解消できる（抵抗・革命できる）市民など，そうそういはしない」などの批判が寄せられ，社会が同意契約によって成り立っているという大前提そのものが疑われるようになっていた。

　自然法思想の衰退に関しては，法学者ベンサムの功利主義に影響を受けたイギリスのオースティンや，ドイツのケルゼンなどの「法実証主義（legal positivism）」の台頭が影響しているともいえる。法実証主義とは，18世紀後半から19世紀にかけて，事実に基づき理論や仮説の正しさを検証する一方，超越的で検証不可能な理念を非科学的なものとして拒絶するような「実証主義（positivism）」が法学分野に導入されて成立したものである。そこでは，「理性で分かる」とか「普遍的」と想定される自然法そのものの概念はもはや時代遅れな形而上学として顧みられなくなっていった。

　自然法という錦の御旗を失い，その正当性を否定され衰退していった社会契約論であるが，そこに内在していた政治的理念は派生的な形で具現化し，独立的な意義を保ち続けた。たとえば，契約論の前提であった「自由意志を持った個人」を基礎とする「リベラリズム」や，諸個人が統治権力にイエス・ノーを突きつける（しかし法の支配に基づいた）システムとしての「近代民主主義」がそれである。

　そして，20世紀後半に入り，ジョン・ロールズの『正義論』（1971年）によって，社会契約論は再び脚光を浴びることになる。たしかに，社会契約というものは社会を事実的に説明するものではないかもしれないが。しかし，理性的な反省のもと，多種多様な価値観を尊重し，様々な人々を正義にかなう形で取り扱うような（リベラリズム的な）原理を探究することには意義がある。その原理を，「理性的人間であれば同意し，それに基づいて社会契約を行うであろうもの」と位置づけ（仮説的契約論），その原理を導出したりする概念道具としての「無知のヴェール」などを導入することで，ロールズは現代版の社会契約論のもとで正義社会の可能性を見事に示してみせたわけである。そしてロールズ以降

も，ロールズ批判も含めて様々なバージョンの契約論が登場し，社会契約論は今なお政治哲学・法哲学のもとで存在感を示し続けているといえよう。

・・・

契約主義と契約論

　また，契約論的アプローチを用いるものとして，現代では「契約主義 (contractualism)」と「契約論 (contractarianism)」と二種類に分類されているので，この点についても言及しておこう。両者はときに混同されやすいが，理論的には区別されており，どちらかといえば前者の方が倫理学との距離が近い。

　トマス・マイケル・スキャンロンが表明した「契約主義」というスタンスは，ある行為の「正しさ／正しくなさ」というのは，理性的人間同士の相互性のもとで承認されるであろう原理に則って決まる，というものである（スキャンロン 2019, 2021）。たとえば，ある行為が間違っているというとき，それは，「情報が与えられ，強制がない状況において，誰もが理にかなう形で拒絶できない一般的な諸原理のもと，その行為遂行が認められない」ということである。簡単にいえば，「すべき／すべきでない」という規範の正当性というものは，対等な理性的人間同士の相互承認のもとで同意されることを条件とするわけであり，理にかなったあり方と一致するための「適理 (reasonableness)」を重視したものといえる（ゆえに，ここで重視される「理性」とは倫理学的な実践理性に近い）。

　他方，「契約論」とは，個人主義をベースとした社会契約論のことであり，現実的な自己利益の最大化（最適化）のための同意（契約）に基づき，そこでの原理・ルールの正当性を示そうとするものである。それぞれの理性的個人は，その契約によってより良い状態 (better-off) を達成するために「合理性 (rationality)」を駆使する（こちらで重視される「理性」とは，経済的合理性に近い）。

　この分類においては，ホッブズ，ロックは契約論（に近いもの）と，そして，ルソー，スキャンロンは契約主義と見なすことができる。カントは相互性とは無関係に，自律的な個人に内在する実践理性，そしてそこから自明なものとして認識される一人称的義務を重視しているため厳密には契約主義とはいえないが，彼の「目的の国」のあり方はそれに近いものであろう（実際，スキャンロンはカントの影響を受けている）。また，ロールズの正義論は，無知のヴェールのもとロック的個人が正義の原理を導出するという点でその前提は契約論に見えるが，

無矛盾性を重視するスタンスや正義の二原理の内容はカント的であるし，結果としてルソー的な一般意志がそこに実現されていることを考慮すれば，総体的には契約主義に近いように思われる。

　また，契約主義のベースとして，「私」「我々」といった一人称的観点ではなく，同意の宛先たる「あなた」といった二人称的観点こそが倫理学的に必要であると主張するスティーブン・ダーウォルの『二人称的観点の倫理学』（2006年）などの理論もある。このように，社会契約論というものは姿を変えながら，今なおその影響力を保ち続けているのである。

参考文献

—

カント，イマヌエル　2000a『カント全集7　実践理性批判・人倫の形而上学の基礎づけ』坂部恵・古田理・平田俊博訳，岩波書店。

　—　2000b『カント全集14　歴史哲学論集』福田喜一郎・望月俊孝・北尾浩之・酒井潔・遠山義孝訳，岩波書店。

スキャンロン，トマス・マイケル　2019「契約主義と功利主義」『功利主義をのりこえて——経済学と哲学の倫理』後藤玲子監訳，ミネルヴァ書房，139-174頁。

　—　2021「契約主義の構造」『現代倫理学基本論文集Ⅲ　規範倫理学篇2』池田誠訳，勁草書房，33-137頁。

ダーウォル，スティーヴン　2017『二人称的観点の倫理学——道徳・尊敬・責任』寺田俊郎監訳，会澤久仁子訳，法政大学出版局。

ホッブズ，トマス　2008-2009『リヴァイアサン1〜4』水田洋訳，岩波書店。

ルソー，ジャン・ジャック　2010『社会契約論』作田啓一訳，白水社。

ロック，ジョン　2010『完訳統治二論』加藤節訳，岩波書店。

ロールズ，ジョン　2010『正義論』改訂版，川本隆史・福間聡・神島裕子訳，紀伊國屋書店。

社会契約の外部
現代のグローバル社会をどう考えるか

神崎宣次

グローバルな社会契約

　社会で生きる限り，社会契約と無関係ではいられないのだろうか。自分では同意した覚えがなくても，社会に生まれたらそこに組み込まれてしまうのか。気にくわないのであれば立ち去ることができる以上，留まり続けるなら社会契約に合意して加入している，ともいわれるかもしれない。

　「気に入らないなら出て行け」は移民に対しても向けられることのある不寛容なセリフである。「よそ者」は社会契約にとって本質的に異物だと思われているのかもしれない。本章の説明でも，いくつかの箇所で契約者間の同質性への言及がなされている。しかしながら，ここで社会と国が別物であることを確認しておく必要がある。とくに現代のグローバルな人類社会という理念を肯定するならば，特定の国を離れたとしても個人の人権，自由，平等，幸福などは相互に尊重されなければならない。人権や自由から「誰一人取り残されない」というのがグローバルな社会契約となっていると言ってもよいかもしれない。

取り残された人物

　ここでBBCが報道した，外界との接触を長年絶っていたブラジル先住民部族の最後の生き残りの男性が亡くなった（ブッシュルーター 2022）というニュースについて考えてみよう。1995年に違法伐採業者によって部族の人間が殺されて以降，この人物は唯一の生き残りとなり，外部との接触もほぼなかったという。したがって，この人物は社会契約の外部で生きていたといえるように思われる。

　しかし話がそう単純ではないのは，この人物が暮らしていたタナル先住民地区がブラジルの一部という点である。ブラジルの憲法は先住民に伝統的な土地で生活する権利を認めており，タナル先住民地区に外部から入ることは1998年

から規制されてきたという。ブラジルの憲法はこの人物の生活，権利，自由などを尊重してきたといえるだろう。

　この人物はいかなる社会契約とも無関係であったというべきだろうか。それとも，そうではなかったというべきだろうか。本章で論じられたいくつかの立場で想定されていたように，社会契約は（おおよそ）対等な個人を前提するものなのだろうか。また，西洋的な意味での近代以降の状況に生まれ落ちた人間にのみ成り立つものなのだろうか。そして，それ以外の人間に対する倫理は，本章で扱われた社会契約とは別の論理に基づいたものになるのだろうか。これらの問いについて検討してみよう（検討に当たって第4章も参考にしよう）。

参考文献
—

ブッシュルーター，ヴァネッサ　2022「外界との接触絶ち約26年──先住民部族最後の生き残り男性が死亡　ブラジル」BBC News Japan（2022年8月30日），https://www.bbc.com/japanese/62710641（2023年1月17日閲覧）。

Active Learning | アクティブラーニング 3

Q.1

宇宙におけるロック的但し書き

「他の人にとって必要なものが充分に残されているならば」という条件は，地球上では成り立つ余地がもはや残っていないかもしれない。それに対して未開発の宇宙資源の開発と所有に関してはロック的但し書きが適用可能とする議論がある。この議論によって宇宙資源の所有を認めるべきだろうか。検討しよう。

Q.2

ルソーの一般意志

全体意志と一般意志の違いを明確に説明する文章を作成してみよう。

Q.3

ホッブズ, ロック, ルソーそれぞれの自然状態

自然状態を三者がそれぞれどのように想定していたかを整理しよう。また第4章を参照して，ロールズの原初状態とも比較してみよう。

Q.4

契約主義と契約論について

本章の最終節では，現代の契約論的アプローチにおける契約主義と契約論の区別が説明されている。そのうえで，ホッブズとロックを後者に，ルソーを前者に分類している。本章のそれぞれの説明箇所に戻って，この分類を確認しよう（ロールズに関連して第4章も参照しよう）。

第4章

正義論
平等な自由は誰のものか

――――

神島裕子

　正義論は正義について論じる学問領域であり，正義は人が倫理的な意味で正しく生きていることや，社会が倫理的な意味で正しい状態にあることを意味する。そのため正義論は倫理学に属する。正義についての議論は遥か昔からなされており，現存するところでは「正義について」を副題に持つプラトンの『国家』がある。この著作でプラトンは，正義にかなった人間の魂の状態と正義にかなった国家（ポリス）の状態を類比的に捉えることで，正義論が政治学にも属しうることを示した。人間や社会や国家が正しい状態にあるとはどういうことかをめぐる議論は，現代では，『正義論』（1971年），『政治的リベラリズム』（1993年），『諸人民の法』（1999年，邦訳のタイトルは『万民の法』）を著したジョン・ロールズによって大きく規定されている。本章では，ロールズの正義論が社会の全メンバーの平等な自由を要求するものである点を強調しつつ，ロールズによって規定された現代正義論を概略的に学びながら，その正義論の限界を明らかにすると同時に，それを乗り越える道筋も探る。

KEYWORDS　#ロールズ　#セン　#ヌスバウム　#基本財　#ケイパビリティ　#ヴァルネラビリティ

1 ｜ ロールズの正義論

正義の二原理

　ジョン・ロールズ（John Rawls, 1921-2002）はアメリカ合衆国の哲学者であり，主著『正義論』（1971年）刊行以降，経済学や社会学をはじめとする様々な社会科学領域に広範な影響を及ぼした。端的にいえば，その正義論は「正義の二原理」を正当化するものであり，社会（ロールズの場合は国家）がこの「正義の二原理」をその基礎構造——思想の自由や良心の自由の法的保護，競争市場，生産手段の私的所有，一夫一婦制の家族を実例とする，社会の基本的な制度編成——において充たしている場合に，その社会（国家）を正義にかなっていると見なす。

　では「正義の二原理」とは何か。ロールズはこれを思考実験から導出し定式化している。それは社会契約論を高度に抽象化した思考実験であり，自分に関する情報を遮断することで誰にとっても公正な原理が導き出されるように，「無知のヴェール」の背後に置かれた契約当事者たちを，「原初状態」と呼ばれる初期選択状況に置くことで，合理的かつ道理的な推論を可能にする。「正義の二原理」は『政治的リベラリズム』（1993年）や『公正としての正義　再説』（2001年）でも少し表現を変えた形で定式化されている。『公正としての正義　再説』はロールズの最晩年に刊行された書物ではあるが，1980年代の講義ノートを元にしているため，ここでは『政治的リベラリズム』で示されたものを記す（ロールズ 2022：348）。

　(a)　各人は，平等な基本的諸自由の十全に適切な制度枠組みに対する平等な権利を有しており，それは，すべての人にとって同様の諸自由の制度枠組みと両立可能なところのものである。

　(b)　社会的・経済的な不平等は二つの条件を充たすべきである。第一に，公正な機会均等の条件下で，すべての人に職務と地位への道が開かれていること。第二に，社会において最も不遇な成員に，最大の便益をもたらすこと。

(a)は第一原理として社会の全成員（メンバー）の基本的諸自由の平等を要求し，(b)は第二原理として公正な機会均等を要求するとともに社会的・経済的不平等が認められる条件を定めている。

この「正義の二原理」の定式から明らかなように，ロールズ正義論においての最重要課題は基本的諸自由の平等であり，基本的諸自由には政治的な自由（投票権や公職就任権），言論および集会の自由，良心の自由，思想の自由，人身の自由（心理的抑圧および身体への暴行・損傷からの自由を含む），個人的財産を保有する権利，（法の支配の概念が規定する）恣意的な逮捕・押収からの自由が含まれる。

この基本的諸自由の平等を確実にするために，そして最も不遇な成員の生活水準を底上げするために，「正義の二原理」が基礎構造において充たされた社会では，政府の諸部門によって運営される「後ろ盾となる諸制度」が必要となる。政府はそれら諸部門を通じて徴税（個人の消費支出を課税ベースとする定率の支出税が最善の課税制度の一部をなす。総合消費税。社会的協働の共通の資産から持ち出す）と補正・再分配（補助金，所有権の定義の変更，完全雇用の促進，基本的ニーズを充たすための社会的ミニマムの維持など）を行うことが期待される。したがってロールズ正義論は，「福祉国家の哲学的基礎」を提供するものとして広く認識されている。

・

財産所有の民主制

だがロールズによれば，彼の正義論が指し示すのは「福祉国家」ではなく「財産所有の民主制（property-owning democracy）」である。これはイギリスの経済学者ジェームズ・ミードの1964年の著作から拝借された用語かつアイデアであり（Meade 1964），資本と天然資源の私的所有を許容する民主的な国家において，資本蓄積につながる類の財産所有の集中を防ぐことを課題とするものである。

ロールズは『正義論』（第5章第42節「経済システムに関する若干の所見」，第43節「分配的正義の後ろ盾となる諸制度」，「改訂版への序文」）でミードに言及し，「段階的・継続的に富の分配を是正し，かつ政治的自由の公正な価値および公正な機会均等にとって有害な権利の集中を阻む」ことの重要性を指摘しているが（ロールズ 2010: 372），財産所有の民主制についてのより詳しい説明は，『公正と

しての正義　再説』（第4部「正義にかなった基礎構造の諸制度」）にある。

　そこでは福祉国家型資本主義が，不動産（生産用資産と天然資源）の所有における甚大な不平等を許容し，経済生活と政治生活の大部分を少数者に支配させるシステムになっているとして，却下されている。むしろ正義の二原理を充たすことができるのは，リベラルで民主的な社会主義（生産手段の社会的所有，自由で競争的な市場における企業活動，職業選択の自由を特徴とする）か，財産所有の民主制（事前的な所有の分配を特徴とする）であり，資本主義になじみのある社会では財産所有の民主制が選択されるだろうと予想されている。

　このように，ロールズによれば財産所有の民主制とは，生産用資産の私的所有を認めるものの，事後的ではなく事前的な対応策によって，段階的・継続的に富と資本の所有を分散するものである。なぜなら事後的な再分配は付け焼き刃に過ぎず，「低い地位」を再生産し続け，その地位にいる人々の自尊心を蝕み続けてしまうからである。

　　　後ろ盾となる正義が欠けており，所得や富における不平等があると，その成員の
　　　多くが慢性的に福祉に依存するような，挫折し意気消沈した下層階級が育つかも
　　　しれない。この下層階級は，放ったらかしにされていると感じ，公共的政治文化
　　　に参加しない。　　　　　　　　　　　　　　（ロールズ 2020：279，訳語を一部改変）

　このようにロールズ正義論は，財産所有の民主制という理念を通じて，社会経済システムの変容を指し示すものとなっている。

・

市民のニーズとしての基本財

　では，人々の平等な自由のために富や資本が分散される社会において，人々の福利（ウェルビーイング）はどのような基準で評価されるのか。ロールズは『政治的リベラリズム』で「市民のニーズとしての基本財」について論じている。これは，人々の善い生の構想が合理的な範囲で様々であること，すなわち「穏当な多元状態の事実」を前提として，人々の競合する権利主張のうちどれが正当であるかを決定するために使用される基準である。必要性が判明した場合には追加がありうるとして提示されている「市民のニーズとしての基本財」は

以下である（ロールズ 2022：218）。

- (a) 基本的な諸権利および諸自由，加えて
- (b) 多種多様な機会を背景とする移動の自由と職業選択の自由
- (c) 基礎構造の政治的・経済的な諸制度における，責任のある職務と立場に付随する権力と特権
- (d) 所得と富，そして最後に
- (e) 自尊の社会的基盤

　ロールズによれば，こうした市民のニーズが充足されていることが，正義にかなった社会の要件である。『正義論』でも，「市民としてのニーズ」という制限はなかったものの，同様の項目が「基本財」として提示されていた。このようにロールズ正義論は，人々の福利を基本財という観点で評価しようとするものでもある。

2│センの正義論

不正義論

　ジョン・ロールズは功利主義を批判し，カント的な義務論の立場から「正義の二原理」を導出したものの，それらの原理は人ではなく制度に適用されるものであり，またそうした制度を支える人々の道徳心理についての議論は形成途上であった。ピーター・シンガーらの功利主義者やオノラ・オニールらの義務論者，そしてアラスデア・マッキンタイアらの徳倫理学者からの批判や批判的継承をはじめ，ロールズ正義論に関して膨大な議論がなされてきたのは，そのためである（シンガー 2005：オニール 2016：マッキンタイア 2021）。

　ここでは，インド出身のアマルティア・セン（Amartya Sen）による批判的継承を取り上げよう。センは，300万人の死者を出したといわれるベンガル大飢饉を幼少期に経験したこともあり，飢饉や貧困を生じさせない類の政治経済システムへの関心から，正義について論じている（セン 2017）。だがセンは，ロールズ正義論のように思考実験から導出された，体系的な正義原理を伴う構想は

提示していない。かわりに，飢饉や貧困，さらには差別や抑圧といった個別具体的なコンテクストにおける不正義に着目し，今よりましな状況をもたらすための様々なアイデアを提示している。セン自身の言葉でいえば，ロールズは正義への「超越論的アプローチ」をとっているところ，センは「比較アプローチ」をとっているのである（セン 2011）。そのためセンの正義論は，不正義の指摘・分析から正義について論じるという意味で，不正義論と見なすこともできる。

行為主体性

センは1979年にスタンフォード大学で行ったタナー連続講義「何の平等か？」にて，正義の中核には平等という価値があるとしたうえで，ロールズ正義論を基本財の平等を唱えるものと見なし，それを批判し，かわりに基本的ケイパビリティの平等を唱えた（セン 1989）。財は目的を叶えるための手段に過ぎないため，財の平等に関心を寄せる正義論では人がそれらの財を用いて何かを為したり何かに成ったりする力の面，つまり実質的自由の面で平等であるのかどうかが等閑視されてしまうというのが，その理由である。

ではケイパビリティとは何か。センは以下のように説明している。

> ケイパビリティとは，第一義的に，価値ある諸機能を達成する自由を反映したものである。それは，自由を達成するための手段ではなく，自由そのものに直接注目する。そして，それは私たちが持っている真の選択肢が何であるかを明らかにする。この意味において，ケイパビリティは実質的な自由を反映したものであるといえる。機能が個人の福利の構成要素である限り，ケイパビリティは福利を達成しようとする個人の自由を表している。
>
> （セン 1999：70）

このようにケイパビリティは，個人の「できること」や「なれること」を指す。たとえば働くということについていえば，働いている（達成された機能），働くことができる（機能を達成するためのケイパビリティ），働くことはできるが，そうしない（個人的選択）という異なる観点での分析が可能である。ケイパビリティで平等を考えるということは，この「働くことができる」という実質的自由の面で平等を考えることを意味するのである。そして基本的ケイパビリティ

の平等に価値を置く正義論は，何らかの基本的とされるケイパビリティの平等
が実現された社会を正義にかなった社会と見なす。

　なぜケイパビリティが大事なのか。センはケイパビリティという概念を複数
の研究領域で用いており，たとえば貧困研究においては「基本的ケイパビリティ
の欠如としての貧困」がテーマとなり，経済開発論においては「ケイパビリティ
の拡大としての開発」がテーマとなる。

　この疑問への回答は，センの正義論が貧困の削減や経済開発を前提とするも
のであり，個人の所得ではなくケイパビリティの拡大を善き生・幸福と結びつ
けていることにある。だが，単にケイパビリティの多い人がそのことだけをもっ
て幸福とはいえないだろう。センは1984年にコロンビア大学で行ったデューイ
連続講義で，人々の自由を「福利を達成する自由」と「行為主体性を発揮する
自由（agency freedom）」に区分し，「行為主体性を発揮する自由」の重要性を説
いている。「福利を達成する自由」は個人が自らの福利を達成する自由であり，
「行為主体性を発揮する自由」は個人が自らの目標——それには他者利益の向上
といった自らの福利を低下する結果となるものも含まれる——を達成する自由
を指す（Sen 1985）。

　現代の経済学の人間像は自己利益の最大化行動をとるホモ・エコノミクスで
あるが，センはこの人間像を「合理的な愚か者（rational fools）」として批判した
（セン 1989）。それは，現実の人間は他者の福利にコミットメントをする存在者，
すなわち他者利益のために自己利益を犠牲にすることのできる存在者であると
いうセンの人間観にもとづいている。

∵

開かれた不偏性

　さらにセンは，アダム・スミスの「公平な観察者」というアイデアを継承す
ることで，ロールズ正義論の限界を超えようとしている。ロールズは『諸人民
の法』（邦訳書のタイトルは『万民の法』）において国家間の正義を主題とし，各
国に普遍的人権の尊重を呼びかけ，また人権保障の目的で他国に介入すること
が正当化されうることも示唆したが，その人権は「奴隷状態や隷属からの自由，
良心の自由（しかし，これは必ずしも，良心の平等な自由ではないのだが），大量殺
戮やジェノサイドからの民族集団の安全保障といった，特別な種類の差し迫っ

た権利」に限定されていた（ロールズ 2022：128）。

　だが，ロールズの国際正義論はグローバル化を正しく捉えたものとは言い難い。何よりロールズは，グローバルな経済的相互依存関係は存在しないとして，国家間の貧富の差は各国の伝統・文化の結果であるとした。このようなロールズ国際正義論の限界を，センは，ロールズの原初状態説（初期選択状況）に登場する契約当事者たちが発揮する不偏性が「閉ざされた（closed）」ものであることに見出し，それを乗り越えるにはアダム・スミスの「公平な観察者」の観点に備わる「開かれた（open）」不偏性が必要であるとしている。

　　私たちは自分の情操を「自分から一定の距離を置いて」とくに見なければならないというアダム・スミスの主張は，既得権益の影響だけでなく，しっかりと根付いてしまった伝統や慣習の影響をも精査するという目的によって動機づけられている。
　　　　　　　　　　　　　　　　　　　　　　　　　　　　　　（セン 2011：89）

　世界には，国境に限らず，様々な境界がある。障碍者／健常者，外国人／自国民，女性／男性，ホモセクシャル／ヘテロセクシャル，そして人間／動物など。このように多元的な世界においては，ロールズの正義論──センはそれに「先験的な制度主義」（セン 2011）を見出している──だけでは対応しきれない。センが唱えるような正義論も，つまり多様な存在者が被っている不正義を指摘・分析し，多様な存在者が今よりましな状況を得られるようにするための様々な正義のアイデアの提唱も必要だろう。

　センが期待する「公平な観察者」の開かれた不偏性は，観察の対象となる相手へと向かうだけではない。観察する自分自身へも向かい，その思考や感情が公平なものであるかどうかを精査する。現代の正義論は，人々に様々な境界を越えて自省することを求めると同時に，理論家その人の自省を求めるものでもあるといえる。

3│ヌスバウムの正義論

...

脆弱性の包含

　人々が行為主体として，基本財あるいは基本的ケイパビリティがすべての成員に平等に行き渡るようさまざまな活動に自発的に携わるようになったら，今よりはましな社会が到来するだろう。だが，手元にある社会規範が社会の全メンバーにとって公正でない場合，つまりマジョリティを利するものに過ぎない場合，そのような社会規範は基本財あるいは基本的ケイパビリティの不平等を道徳の名を借りて正当化するかもしれない。

　私たちの社会においては，国会議員の男女比（女性議員の占める割合は2022年6月段階で9.7％）からして明らかなように，社会規範の製作者が男性に偏っている。そのような社会では女性の意見（証言）は信用を得ることが難しく，また女性が自らの経験を語るための概念が存在しないこともある。ミランダ・フリッカーはこれらを「証言的不正義」と「解釈的不正義」とし，認識的不正義論という新しい分野を開いた（Fricker 2007）。

　認識的不正義という視座から振り返ると，正義論の歴史は，認識的不正義に溢れている。なにより人間の脆さ／ヴァルネラビリティ（vulnerability）は，慈善の対象であった。弱いもの，マイノリティ，力のないものたちが，正義の語り手からも，正義の第一義的な対象（誰のための規範で，誰のための政策なのか）からも，外されてきたのである。

　マーサ・ヌスバウム（Martha Nussbaum）はそのロールズ批判において，ロールズが女性，障碍者，外国人，そして人間以外の動物が抱える問題を正義の基本的問題から除外していると指摘している（ヌスバウム 2005, 2012）。ヌスバウムによれば，ロールズの社会契約論は力と能力において等しく，別個独立で生きることができる人間，つまりロールズの考える「正常」な人々にとって合理的で道理的な正義原理を導出している。そのため，たとえば障碍についていえば，「重度の身体的・知的な器質的損傷のある人びとに関して，ロールズは何らの原理も提示しておらず，これらの問題を正義の問題として扱おうとすらしていない。いかにも彼は，それらが基本的正義の問題であることを，つまり社会

のもっとも根本的な政治原理に影響を与えるものであることを，否定している」
（ヌスバウム 2012：205）となる。

　そのためヌスバウムの正義論では，個別具体的な生を歩む人々の多様なニー
ズを，ある一定レベルで平等に充足することが望ましい原理となる。そしてヌ
スバウムの正義論はグローバルな規模に及ぶため，その原理は「グローバルな
構造のための10の原理」として表されている（ヌスバウム 2012：360-368，訳文
を一部改変）。

　　1．責任の所在は重複的に定められ，国内社会も責任を負う。
　　2．国家主権は，人間の諸々のケイパビリティを促進するという制約の範囲内
　　　で，尊重されるべきである。
　　3．豊かな諸国はGDPの相当部分を比較的貧しい諸国に供与する責任を負う。
　　4．多国籍企業は事業展開先の地域で人々の諸々のケイパビリティを促進する責
　　　任を負う。
　　5．グローバルな経済秩序の主要構造は，貧困諸国および発展途上の諸国に対し
　　　て公正であるように設計されなければならない。
　　6．薄く分散化しているが力強いグローバル公共圏が涵養されなければならない。
　　7．すべての制度と（ほとんどの）個人は各国と各地域で，不遇な人々の諸問題
　　　に集中しなければならない。
　　8．病人，老人，子ども，障碍者のケアには，突出した重要性があるとして，世
　　　界共同体は焦点を合わせるべきである。
　　9．家族は大切だが，「私的」ではない領域として扱われるべきである。
　　10．すべての制度と個人は，不遇な人々をエンパワーメントする際の鍵として，
　　　教育を指示する責任を負う。

　ヌスバウムが述べているように，もしロールズが少なくとも「正常人」モデ
ルを捨て，ヴァルネラビリティをあわせもつ個別具体的な人々による彼らのた
めの正義にかなった社会を（国境を越えて）構想しようとしたならば，その正義
原理はヌスバウムの提示する正義原理と似通ったものとなっていたかもしれな
い。

．．．
ヌスバウムのケイパビリティ論

　さらにヌスバウムはセンと同様に，「何の平等か」をケイパビリティで考えている。だがヌスバウムは，今の時代を生きる私たちがそれぞれの善い生を生きるために最低限必要なものとして，「人間の中心的ケイパビリティ」のリストを提案し，すべての諸国がそこにあるケイパビリティを人々に保障すべきことを要請している。ヌスバウムはそのような一群のケイパビリティとして，①生命，②身体の健康，③身体の不可侵性，④感覚・想像力・思考力，⑤感情，⑥実践理性，⑦連帯，⑧他の種との共生，⑨遊び，⑩自分の環境のコントロールという10の項目を挙げている（ヌスバウム 2005, 2012）。

　ヌスバウムはこれらを，他者の利益のために犠牲にされてはならない個人の自由だとしている。つまり，人々は寿命をまっとうしたり，健康を維持したり，身体を毀損されないようにしたり，感覚・想像力・思考力を持ったり，感情を育んだり，実践理性を働かせたり，他者と連帯したり，動植物と共生したり，遊んだり，自分の政治的・経済的環境をコントロールしたりすることへの権原を，ただ人間であるという理由で有しているため，人々がこれらのケイパビリティを発揮することを望む場合に備えて，社会的（ヌスバウムの場合は国家的，国際的）な支援体制を整えておくことが要請されているのである。そのためヌスバウムの正義論では，「人間の中心的ケイパビリティ」を人々に保障する社会（国家，国際社会）が正義にかなった社会となる。

　日本では，憲法第25条によって「健康で文化的な最低限度の生活を営む権利」が国民に対して保障されているが，このことが国民に健康であることと文化的であることを押し付けるものではないように，ヌスバウムの正義論も「人間の中心的ケイパビリティ」の発揮を人々に押し付けるものではない。そのリストは，集団の属性に関わりなく，誰もが人間らしく生きるために社会は何ができるかを考えるうえで，参考になるだろう。近年では，ヌスバウムのリストを参考にした，女性の非正規雇用者のウェルビーイングに関する研究もなされている（山本 2019）。

...
より多くの人々の平等な自由へ向けて

　ロールズの正義論は，社会の全メンバーの平等な自由を要求するものであった。だがロールズは，互いに契約（協力）することが自己利益につながる人々を正義原理の選定者として想定しているため，人々のヴァルネラビリティを充分に考慮することができていない。センは現にある不正義を指摘・分析し，不正義を被っている人々が今よりましな状況を得られるようにするための個別具体的なアイデアを提唱している。

　ヌスバウムは正義論にヴァルネラビリティをあわせもつ人々，すなわちケアを受けケアを提供する人々のニーズを取り込む必要性を指摘している。だがなおヌスバウムは，ケアをロールズ的な基本財のリストに加えるべきだというエヴァ・キテイの『愛の労働』における提案はロールズによって拒絶されるだろうと述べている。また，「ケアはほかのケイパビリティに並んで追加される単一かつ別個のケイパビリティとして導入されるべきではなく，少なくともその必要もない」として，自身のケイパビリティのリストにも加えていない（ヌスバウム 2012: 194，訳語を一部変更）。というのも，ケアは人間の中心的なケイパビリティの全範囲に関わるものであるため，それらのケイパビリティを等しく保障するということは，それらに関わるケアへのニーズも保障するということになると考えられているからである。

　正義を求めるということは，すべての個人の平等な自由を求めることである。その自由は今では，行為主体性の成立と結びついて理解されている。これからの正義論は，とくにマイノリティに対する認識的不正義がつねにありうることを自覚しつつ，グローバルな規模で人間の脆さ／ヴァルネラビリティを包摂する方向に進んでゆくと思われる。

参考文献
—

オニール，オノラ　2016『正義の境界』神島裕子訳，みすず書房。
キテイ，エヴァ　2010『愛の労働あるいは依存とケアの正義論』岡野八代・牟田和恵監訳，白澤社。

シンガー，ピーター　2005『グローバリゼーションの倫理学』山内友三郎・樫則章訳，昭和堂。

セン，アマルティア　1989『合理的な愚か者——経済学＝倫理学的探求』大庭健・川本隆史訳，勁草書房。

―― 1999『不平等の再検討——潜在能力と自由』池本幸生・野上裕生・佐藤仁訳，岩波書店。

―― 2000『経済開発と自由』石塚雅彦訳，日本経済新聞出版。

―― 2011『正義のアイデア』池本幸生訳，明石書店。

―― 2017『貧困と飢饉』黒崎卓・山崎幸治訳，岩波書店。

ヌスバウム，マーサ　2005『女性と人間開発——潜在能力アプローチ』池本幸生・田口さつき・坪井ひろみ訳，岩波書店。

―― 2012『正義のフロンティア——外国人・障碍者・動物という境界を越えて』神島裕子訳，法政大学出版局。

マッキンタイア，アラスデア　2021『美徳なき時代』新装版，篠﨑榮訳，みすず書房。

ロールズ，ジョン　2010『正義論』改訂版，川本隆史・福間聡・神島裕子訳，紀伊國屋書店。

―― 2020『公正としての正義　再説』エリン・ケリー編，田中成明・亀本洋・平井亮輔訳，岩波書店。

―― 2022『政治的リベラリズム』増補版，神島裕子・福間聡訳，筑摩書房。

―― 2022『万民の法』中山竜一訳，岩波書店。

山本咲子　2019「女性非正規雇用者の生活実態を探る——ケイパビリティ・アプローチを用いた検討」『人間文化創成科学論叢』22：235-244。

Fricker, M. 2007. *Epistemic Injustice: Power and the Ethics of Knowing.* Oxford: Oxford University Press.

Meade, James Edward 1964. *Efficiency, Equality, and Ownership of Property.* London: George Allen & Unwin LTD.

Sen, A. 1985. Well-Being, Agency and Freedom: The Dewey Lectures 1984. *The Journal of Philosophy* 82 (4): 169-221.

レッドライニング
不動産所有権の構造的不正義

寺本　剛

　レッドライニング（red lining）とは，アメリカの政府機関や金融機関，不動産業者が1930年代頃に採用していた慣行で，文字通り，地図上に赤い線を引いて，特定の地区を別の地区から色分けすることである。

　その頃は大恐慌の後で，政府は経済を活性化させるために国民の住宅購入を後押ししており，そのための資金援助を進めていた。その際，融資のリスクが居住地区ごとに査定され，その度合いが一目で分かるよう色分けされた地図が融資判断の材料として利用された。赤い線で色分けされた地区は，最もリスクが高く，融資をひかえるべき地区，あるいは，高い金利でしか融資を認めない地区として位置づけられ，その線引きによって，特定の人々が住宅購入の機会から排除されていった。

　貸し倒れを防止するためとはいえ，個人や地域の経済状況に基づく融資判断は，貧困層を不動産所有から締め出すという不公平な結果をもたらした。とくに問題だったのは，地区の色分けの基準に人種やエスニシティが含まれていたことだ。有色人種をはじめとする人種的マイノリティが多く住む地区の不動産価値は低下しやすいと見なされ，赤い線で囲まれた。そうした地区に住む人々は，ローンを組むことができないため，賃貸住宅に住んだり，低価格の家を買ったりするしかなく，リフォームなどによって物件の価値を高めることも困難になった。これに対して，融資を受けることができた白人中産階級の多くは，その後の不動産価格の上昇により，順調に資産を増やしていった。

　不動産は経済社会における主要な富の源泉であり，初期段階に生じた不動産所有にまつわる人種間の格差は，その後の社会構造を深い部分で規定したと考えられる。経済活動や社会生活が公正なルールに則って営まれたとしても，その初期条件に不平等があれば，持てる者と持たざる者の間の格差は自ずと広がる。住宅を所有できた白人中産階級は，多くの場合，その富を次の世代に引き

継ぐことができ，その恩恵を受けた次の世代は効率的に資産を形成することができたが，賃貸住宅に住んでいた人種的マイノリティの貧困層の多くは同等の機会を得られなかった。差別や格差を許容する社会構造が経済システムと連動し始めると，個々人に人種差別の意図がなかったとしても，社会構造や経済システム自体が差別や格差を自動的に再生産し，場合によっては強化してしまう。

　ロールズは，「福祉国家型資本主義」が不動産所有の甚大な不平等を許容し，少数者による経済と政治の支配をもたらす可能性を指摘している（本章56頁）。レッドライニングはそうした不正義をさらに歪め，人種差別や人種間格差と結びつけて実現してしまったケースといえるかもしれない。

　時計の針を元に戻せない以上，レッドライニングによってできあがった状況から出発して，富と資本の所有を分散し，それらが再び集中することを防ぐ「リベラルで民主的な社会主義」や「財産所有の民主制」を漸進的に実現していくほかない。そのためにも既存の社会構造をよりましなものに変容する責任を一人一人の道徳的主体が自発的に分担し，他の道徳的主体と持続的に協働することが求められる。

参考文献

武井寛　2020「黒人はこうして排除されてきた…日本人が知らない「住宅差別」という問題」『現代ビジネス』講談社，https://gendai.media/articles/-/74643?page=6（2023年3月15日閲覧）。

Active Learning | アクティブラーニング 4

Q.1

「最も不遇な成員に，最大の便益をもたらす」仕組みの事例を挙げてみよう

正義の二原理には「最も不遇な成員に，最大の便益をもたらす」ことが社会的・
経済的な不平等を認める条件として挙げられている。この条件を充たすための
具体的な仕組みにはどのようなものがあるか。日本の事例を挙げてみよう。

Q.2

利他的ないし社会的コミットメントの事例を挙げてみよう

センの言う通り，私たちは共感に基づいて利他的に行為できる存在だと考えら
れる。今の世の中で，どのような利他的ないし社会的コミットメントが行われ
ているかを挙げ，その取り組みの現状を調べてみよう。

Q.3

人間の中心的ケイパビリティは保障されているか

ヌスバウムが挙げている「人間の中心的ケイパビリティ」（本章63頁）は，日本
では十分に保障されているだろうか。社会的な支援体制が不十分だとしたら，
何が不足しているのか。他国の事例も調べながら，分析してみよう。

Q.4

構造的不正義の事例を挙げてみよう

ケーススタディを参考にして，私たちの社会構造に内在している構造的不正義
の事例を探してみよう。また，そうした不正義がどのような要因やメカニズム
によって生じているか分析してみよう。

第5章

ケアの倫理
〈そのものらしさ〉を受容する倫理

安井絢子

　発達心理学者キャロル・ギリガンによって創始された「ケアの倫理」は，道徳性の発達段階をめぐる論争のなかから登場した倫理的立場である。その影響は，医療・看護，福祉・教育といった「ヒューマン・サービス」と呼ばれる対人関係に特化した分野を中心に多岐にわたり，ケアの営為に携わる実践家の声を代弁する理論として注目され，それぞれの分野において多様な展開を遂げている。人間の行為について哲学的に問い直す学問である倫理学もまたその例外ではない。ケアの倫理は，義務論や功利主義といった主流派の倫理学理論を「正義の倫理」と呼び，普遍性や公平性を当然目指すべきものと前提するその姿勢に疑問を投げかけ，個別性を重視する主張を打ち出した。そのためケアの倫理は，従来の倫理学において自明視されていた前提を揺るがす，倫理学に対する異議申し立てという意味合いも帯び，倫理学の新たな視座を切り開く足がかりともなっている。そして，主流派の倫理学理論がこれまで取りこぼしてきたもの，関心を向けてこなかった人々をも包括することで，倫理学の射程を拡大し，その可能性を拡張する新たな選択肢を提示している。こうした従来の倫理学の枠組みを批判的に考察するケアの倫理の姿勢を学ぶことは，本書で取り上げられている倫理学の諸理論の理解を深めるとともに，倫理学という学問そのものを問い直し再考する契機ともなるだろう。

KEYWORDS　#ケア　#正義　#関係　#公平性　#個別性

070

1│ケアの倫理の登場

・

批判理論としてのケアの倫理

　現代規範倫理学のなかで主要な潮流をなす倫理学理論といえば，義務論，功利主義，徳倫理学である。これらの理論はそれぞれ，イマヌエル・カント（Immanuel Kant, 1724-1804），ジェレミー・ベンサム（Jeremy Bentham, 1748-1832）やジョン・スチュアート・ミル（John Stuart Mill, 1806-1873），アリストテレス（Aristoteles, BC384-322）やトマス＝アクィナス（Thomas Aquinas, 1225頃-1274）といった名だたる倫理学者たちの主張に由来し，規範倫理学のなかで確固たる地位を占めている。しかし，これらの理論に基づくアプローチのみで，倫理的問題すべてを説明し尽くせるのだろうか。こうした問題意識のもとで，主流派の倫理学理論のみでは汲み尽くせない課題に対して，別のアプローチから対応しようとする動向が，ジョン・ロールズ（John Rawls, 1921-2002）以降の現代規範倫理学の議論のなかにも散見される。アマルティア・セン（Amartya Sen）やマーサ・ヌスバウム（Martha Nussbaum）のケイパビリティ・アプローチはその最たる例である。そうした数ある動向のなかで，現代規範倫理学の諸理論に異議を申し立て，その役割を果たしうる倫理的アプローチの選択肢の一つとして名乗りを挙げたのが「ケアの倫理（ethic of care）」である。

　ケアの倫理は，道徳性の発達段階をめぐってローレンス・コールバーグ（Lawrence Kohlberg, 1927-1987）とキャロル・ギリガン（Carol Gilligan）との間に巻き起こった正義対ケア論争に端を発する。主流派の倫理学理論が著名な倫理学者たちの議論に淵源をたどりうるのと比べると，その出自の特異性は異彩を放つ。教育学者ネル・ノディングス（Nel Noddings, 1929-2022），フェミニスト哲学者のヴァージニア・ヘルド（Virginia Held）やエヴァ・キテイ（Eva Kittay），さらに政治学者のジョアン・トロント（Joan Tronto）など，多分野の論者たちによって議論が展開されていったのも，ケアという多義性を帯びた概念をその理論の核心に据えるケアの倫理だからこそ起こった事態だろう。こうした特徴があればこそ，ケアの倫理は倫理学という学問的な枠組みにとらわれず，ケアの営為に携わる実践家の声に耳を傾け，そうした現場の声から，主流の倫理学がこれ

まで取りこぼしてきたものを掬い取る理論として，もう一つの選択肢を提示し，倫理学を問い直す批判理論ともいうべき役割を果たすまでに至っている。そのため，専門的な倫理学の議論を待ち望む読者には期待外れに，また，ケアの倫理の主張をすぐに理解したい読者には遠回りに感じられるかもしれないが，ケアの倫理を十全に把握するためにも，ケアの倫理が創始される契機となった道徳性の発達段階をめぐる論争の経緯から説明していく。

・

道徳性の発達理論

　私たちは日々の生活を送るなかで，善悪に対する自分なりの価値観や捉え方，つまり道徳性を知らず知らずのうちに身につけていく。そうした道徳性の発達の道筋を描くのが道徳性の発達理論だ。発達心理学者コールバーグは，主著『道徳性の形成』（コールバーグ 1987）のなかで，道徳性の発達を，あらゆる文化に通底する普遍的な段階モデルとして描出する。つまりコールバーグ理論では，より低次の道徳性の発達段階を克服することで，より高次のそれに移行する。一度，道徳性の段階が上がれば，前の段階に退行することはない。ジークムント・フロイト（Sigmund Freud, 1856-1939）やジャン・ピアジェ（Jean Piaget, 1896-1980）の系譜に連なるコールバーグは，こうした前提のもとで，仮想のジレンマに対する子どもたちの解答から，道徳性の発達段階を理論化した。その仮想のジレンマの一つが，重病の妻の生命を救う唯一の手立てである特効薬を盗むべきか否かという究極の葛藤を突きつけてくる「ハインツのジレンマ」である。

　一見したところ，「薬を盗むべきか否か」が問われているのだから，それに対する明確な答えこそが論点だと思う向きもあるかもしれない。しかし，ここでの焦点は，どういう結論を出したかというところにはない。注目すべきは，解答に至る過程でどのように考えを巡らせたのかという点にほかならない。その理由づけから，解答者が善悪をどのように理解しているのか，すなわち解答者の道徳性が浮き彫りになるというわけだ。こうした調査研究で得られた知見から，コールバーグは三レベル六段階の道徳性の発達理論を提示する。

・

コールバーグの道徳性の発達理論

　コールバーグの道徳性の発達理論（コールバーグ 1987: 44）によれば，発達の

程度は，前慣習的，慣習的，脱慣習的の三レベル，さらに各レベルが二つの段階に分かれ，合計三レベル六段階に区分される。

　まず，前慣習的レベルの価値観の中心は自己中心性だ。そのレベルに含まれる第一段階は「罪と服従への志向」であり，この段階では，善とは権威たる親や教師の命令に盲目的に従うこと，悪とは権威に背いて罰を受けることにほかならない。第二段階は「相対主義的な志向」である。この段階では，自分の欲求を満たすために，他者の欲求を満たすという損得勘定に基づく道具的思考や，ギブ・アンド・テイクといった互恵性の発想が生まれる。

　次に，慣習的レベルでは，社会の大多数への順応が善とされる。第三段階は，「対人的同調あるいは「よい子」志向」であり，現実の周囲の他者あるいは想像上の他者から寄せられる道徳的な役割期待を果たすことが善とされる。「法と秩序」志向である第四段階では，そうした役割期待が抽象化され，法や規則の順守，社会秩序の維持が善と見なされる。

　さらに，脱慣習的レベルでは，自律的な決定によって善を根拠づける。第五段階は「社会契約的な法律志向」であり，ここでは，法や規則は，社会成員の幸福のためにつくられた契約だから，その主意に反するならば変更可能と判断される。第六段階は「普遍的な倫理的原理志向」であり，ここでは，普遍妥当的原理や首尾一貫した良心こそが倫理規範だと見なされる。

　このようにコールバーグ理論は，自己利益から他律的道徳性を経て，普遍的原理を自ら採用しうる段階に至るまでの道徳性の発達段階の記述である。自己利益にしか目を向けえない利己的な段階から始まり，他者との関わりを通じて自己中心性を克服し，より上位の段階に移行する。他者の立場や視点に立つ役割取得が可能になると，周囲の他者や社会が定めた規則に従う段階を経て，最終的に自分の選択によって公平な判断や普遍的原理，一貫した良心を志向する段階へと至る。したがって，コールバーグにとっての道徳的成熟とは，保護者に対する愛着からの分離にほかならない。それは，他者とは別個の独立した人間であるという自立（independence）の認識であり，自分で選択できる能力を身につけるという意味での自律（autonomy）の達成であり，普遍的原理に基づいて合理的に思考することができるという意味での抽象的思考の獲得なのだ。

・

ギリガンによる「もうひとつの声」の発見

　コールバーグ理論は，75人の男児を3年間隔で15年にわたって追跡した実証的な調査から得られた知見だ。これにより，女性より男性の方が「道徳的に優れている」という実証的な「事実」が突きつけられた。これに対して，その「事実」に違和感を覚え，異議を申し立てたのが，コールバーグのもとで道徳発達を研究していたギリガンである。ギリガンは，男性という一方の性のみを対象とした調査で得られた発達理論が，普遍的な有効性を持つかのように語られることに異議を唱えた。女性は男性とは異なる「もうひとつの声（a different voice）」で語っており，コールバーグの道徳性の発達理論では，女性の道徳発達の道筋を十全に説明しきれていないというのだ（ギリガン 2022）。

　ギリガンが自身の道徳発達理論の裏づけとして挙げる一つの例を検討しよう。それは，他の点では同等の能力を持つ11歳の男児ジェイクと女児エイミーのハインツのジレンマへの解答の違いに顕著に現れた思考の特徴だ。ジェイクは，当該の状況を「生命」と「財産」の間の対立と捉え，どちらが優先されるべきかという原理的思考に基づいて「盗むべき」という結論を導き出す。これはコールバーグ理論では，社会集団における諸規則や法に従う第四段階，あるいは第五段階の萌芽が見られると評価される。一方エイミーは，ハインツの親戚や友人，銀行のローンや見知らぬ人からの募金など，現実の関係性に訴えることで解決を試みようと思考を巡らす。そのなかで，この問題の核心は，ハインツと薬屋との間の関係性のこじれにあるのであって，ここにこそ解決の鍵があるはずだという考えに思い至る。そして，ハインツの妻を救う唯一の手段を持つ薬屋が助力をしぶり，解決の糸口が見出せないことに苛立ちを示し，最終的に，「ハインツに薬を渡さない薬屋が悪い」という，一見したところ，盗むか否かをめぐる問いから離れた主張に行き着く。これは，コールバーグ理論では私的関係を何より優先する第三段階にとどまる態度と評価される。

　これに対してギリガンは，コールバーグ理論では女性，この場合はエイミーが不当に低く評価されているのではないかと疑問を投げかける。ジェイクとエイミーは世界（ここでは道徳的ジレンマ）の捉え方が異なるために，おのずと解決方法も異なったに過ぎないというわけだ。ジェイクが数学の方程式のように

ジレンマを組み立て，論理的に解答の発見に向かうのに対して，エイミーは同じジレンマを人間関係の物語として捉える。エイミーの世界では，お互いを大事に思い（ケアし）合い，必要があれば他者のために助力を惜しまないのは当然であり，だからこそ，困っている人，ましてや生命の危機に瀕している人に手を差し伸べないなどといった選択は，事情をきちんと理解していないから至ってしまった帰結としか理解しようがない。こうしたギリガンの洞察こそが，「ケアの倫理」という原理的思考とは異なる倫理的観点の発見をもたらした。

正義対ケア論争

　コールバーグの主張とギリガンの批判のどちらが妥当なのだろうか。正義対ケア論争は，こうした問いを出発点に繰り広げられた。仮にコールバーグの道徳性の発達理論による評価が妥当であるならば，それはコールバーグ理論の前提とする原理重視の倫理観が，気づかいを重視する倫理観よりも優れているからにほかならない。しかし，なぜこうした価値の序列づけが無批判に受け入れられているのだろうか。ギリガンはこうした疑問から，コールバーグが，性差による「実証的な違い」と規定したもののなかに倫理的価値の序列づけが，さしたる根拠もないままに忍び込んでいることを暴き出す（ギリガン 2022）。そして，コールバーグ理論が前提とする公平性を重視する普遍的原理に基づく倫理を「正義の倫理（ethic of justice）」と呼び，自他への適切な気づかいに基づく倫理を「ケアの倫理（ethic of care）」と呼んで対置した。ここでいう「正義（justice）」とは「等しいものを等しく扱う」という意味であって，「善（goodness）」と対置される「正（rightness）」ではない。そのため，快や選好といった善を理論の中心に据える功利主義も，義務論と同様に正義の倫理に数え入れられるわけだ。

　さらに，正義の倫理とケアの倫理との関係についてギリガンが強調するのは，両者は異なる道徳的観点であるという点だ。ギリガンは，正義の倫理を否定したのでも，ケアという営為は女性にふさわしいと主張したわけでもない。ケアの倫理はケア役割を女性が担うべきものと称揚することを意図しているわけではなく，むしろ女性にケア役割が押しつけられるという社会構造を問題視する。ただし，後の実証的研究が示したように，人間関係への配慮やケアに置かれる比重は性差ではなく，文化の違いと関連する。しかし，特定の文化的歴史的形

成物であることは正義の倫理もケアの倫理と同様である。すると結局のところ，いずれの観点をとったとしても，道徳性は社会的・文化的な要因によって規定されているわけだ。したがって，ケア役割と女性との関係は，いずれの立場をとるにしても直面することを免れえない課題なのである。

2 ｜ ケアの倫理とは何か

　ギリガンが提唱したケアの倫理の影響は発達心理学にとどまらず，倫理学にも新たな視座を提供し，倫理学そのものを問い直す契機となった。とはいえ，ギリガン自身は発達心理学者として，倫理学の議論への深入りは控えている。ここからは，倫理学におけるケアの倫理の議論を理解するために，ギリガン以降に展開されたケアの倫理の主唱者たちの議論から，その特徴を明らかにする。

ケアとは何か

　ケアの倫理の議論に踏み込む前に，ケアとはどういうものかについての輪郭を素描しておきたい。とはいえ，ここでケアに関わる研究すべてを網羅的に取り上げることはできない。というのも，ケアについての研究は，医療や看護の分野における治療（cure）と対置されるケア（care）研究はもとより，ケアの営為を現象学的アプローチから分析する研究，社会学における当事者研究，ケアワークに関わる研究，そして哲学の分野でも，ハリー・フランクファート（Harry Frankfurt）やパトリシア・ベナー（Patricia Benner）らのケア論というふうに，多方面への広がりを見せているからだ。また，ケアは多義的な概念である。一部を挙げるだけでも，ケアは「世話」や「気づかい」，「心配」や「関心」，「重荷」といった心身いずれにも関わり，両義的で捉えにくい概念だと思い至る。

　このように，「ケア」という同じ概念であっても，どの文脈で論じるかによって意味合いは異なる。本章で取り上げるのはあくまでもギリガンが創始したケアの倫理だ。そのため，ここでは，ケアの倫理の先駆者ミルトン・メイヤロフ（Milton Mayeroff, 1925-1979）による定義のみを紹介するにとどめる。

　ケアを哲学的に分析したメイヤロフによれば，ケアとは「最も深い意味において，他の人格の成長と自己実現を援助すること」（メイヤロフ 2005：13）だ。

この定義は,「それらしくなる」(メイヤロフ 2005: 19) という成長の強調だ。だからこそ,道徳性の発達段階をめぐる論争のなかでその意義が見出され,他者のみならず自己へのケアを重視し,特定のケア関係を理論の中心に据える姿勢はケアの倫理に継承され,一つの倫理的立場を形成していく。

··

正義の倫理に対する批判

ケアの倫理は正義の倫理への異議申し立てとして登場した。正義の倫理とは普遍性と公平性を理論の中心に据える倫理的立場である。つまり,ケアの倫理が相手取るのは,義務論と功利主義といった従来の主流派の倫理学理論となる。

ケアの倫理を理論化したノディングスは,正義の倫理に対しておよそ三つの問題意識を提出した(ノディングス 1997)。その批判は主に,①普遍的原理,②抽象化,そして③公平性(impartiality)に向けられている。

まず,①「普遍的原理」に対する批判である。すべての人に普遍的な原理を画一的に適用してしまうと,往々にして個別性の無視や歪曲した解釈を誘発してしまう。これは,個々の人間の差異の尊重を重視するケアの倫理から見ると,他者への配慮のなさ,すなわちケアの欠如の最たるものに映る。

次に,②「抽象化」についてだ。抽象化には,具体的な細部の捨象が伴う。こうした捨象は,すべての人間の間に,一定の共通性あるいは類似性を想定しているからこそ可能となるわけだが,個別性を重視するケアの倫理は,それぞれの人間や道徳状況が,同一視しうるほど酷似しているとは考えない。

さらに,③「公平性」についてだ。正義の倫理は,公平な立場からの倫理的判断を,倫理学において当然とるべき視点と前提する。しかし,人間は,すべてに対して平等な配慮をなしうるほどの能力を持ちえない有限な存在者であり,その力の及ぶ範囲も限定的なものにならざるをえない。もちろん,ケアの倫理は,倫理的行為を恣意的に導いたり,個人の感情のみに依拠した倫理的判断を下したりすることを良しとするわけではない。しかし,現実の世界で多くの制約を受けながら生きている私たちにとって,公平性という視点のみをとり,自身が有限な存在者であることを軽視することは,人間の等身大の生を直視し,人間のみならず動植物や事物,観念に至るまで「それらしくなる」ことを称揚するケアの倫理の趣旨に反する姿勢にほかならない。

　このように，正義の倫理は，公平性を当然とるべき立場として暗黙のうちに
受け入れてきた。しかし，そうした視点につねに立つことは，身体的・精神的
な能力の制約を課せられ，特定の時代の特定の場所に限定されている有限な存
在者である人間には過剰要求ではないだろうか。ケアの倫理は，到達しえない
理念を掲げるよりは，人間が公平な立場に立つのは実際にはほぼ不可能であっ
て，社会的立場や個人的な属性などの制約によって，偏った見方や判断をせざ
るをえないという現実（偏性）を直視することこそ，実際の道徳問題を考える
うえで必要な観点であり，そうした現実の直視に根差して，具体的な行為につ
ながるケア実践を企図すべきだと主張した。この公平性と偏性という対立軸は，
正義の倫理とケアの倫理の最も重大な対立点だ。この対立は，両者が倫理的視
点のみならず，もはや倫理的基礎をも完全に異にすることの証左であり，ここ
にこそ，ケアの倫理が倫理学そのものへの異議申し立てであることが顕著に現
れている。

3 │ ケアの倫理の人間理解

...

ケアの倫理の視座から見えてくるもの

　いかなる人間もケアを必要としている。少なくとも一生のうちの一定の期間，
たとえば乳幼児期や老年期には，誰しもがケアなしには生きることもままなら
ない。この洞察は，正義の倫理が想定する独立した自律的な個人という人間像
を揺るがし，「私たちはつねに自律している，潜在的に平等な市民であるという
神話」（Tronto 1993: 135）の虚構性を暴き出す。というのも，ケアする人とケア
される人とは能力面での非対称性を免れえないからだ。だとすれば，実際の人
間のあり方に目配りすることなく，人間同士は「平等」だとする安易な想定を
再考する必要が生じる。ケアの倫理が指摘する通り，傷つきやすさが人間に共
通の性質であるならば，そうした人間の現実を十全にふまえたうえで，従来の
「平等」に代わる視座を提供しなければならない。こうしたケアの倫理の着想
は，政治理論や社会理論におけるケア論として広がりを見せていく。

...

依存という人間のあり方

　他者依存性は，有限な傷つきやすい身体を持つ人間にとって本質的である。こうした人間の条件たる「依存」は，「自らを生存させ維持していくのに必須の，ある種の能力を欠いている」（キテイ 2010：48）状態と定義され，「不可避の依存（inevitable dependency）」と，「二次的依存（secondary dependency）」あるいは「派生的依存（derived dependency）」の二つに区別される。

　まず，不可避の依存は，「幼児や幼少期の未発達な状態や，（どんなに便宜が図られた環境においても）その人から機能を奪う病気や障害，そして老いることに伴う衰え」によってもたらされ，誰しも一定の期間経験せざるをえない人間の条件だ（キテイ 2010：34-35）。キテイはこの不可避の依存を単なる普遍的な事実としてそのまま受け止める。そうした不可避の依存から，二次的依存が生じる。それは，援助なしには生きることもままならない「依存者」を世話する仕事に従事する，「依存労働者」が陥りがちな依存状態を表す。このとき，依存労働者は依存労働に力と時間を割かざるをえず，その結果，自身も経済的に他者に依存する状況に陥ることもしばしばだ。すると，依存者と同時に依存労働者をも支える稼ぎ手が必要となる。そこでキテイは，依存者も依存労働者もいずれも平等に扱われる対象と見なされるべきだと考え，二次的依存が生み出す弊害を隠蔽してはならないと主張する。そして，「自助できない人びとを援助するために，助ける人びとと助けを必要とする人びととをつなげる」（キテイ 2010：116）社会構想を提示する。それが「ドゥーリア・モデル」である。

...

ケアする人をケアすること

　キテイは「みな誰かお母さんの子ども」というスローガンを掲げ，誰もが人生のある時期には依存を経験し，今ケアを担う人もかつては依存者であり，今後依存する可能性を持つことを普遍的事実として強調する。一方，こうした認識を看過してしまった正義の倫理は，独立した自律的な個人を議論の出発点に据えたために，依存者や依存労働者を包摂しうる社会構想を提示しきれているとは言い難い。この状況をふまえて，依存者と依存労働者との関係を平等の核心に据えた社会理論を構想するには，他者のニーズ充足のために，自身のニー

ズを後回しにするか括弧に入れる「透明な自己」として振る舞う必要がある。

　さらに，依存労働者は依存者のために多くを犠牲にして力を尽くす一方，依存者は提供されたケアを享受するばかりで，それに見合う等価のものを返しえない。とはいえ，ケア責任を代替することは容易ではないから，結局のところ，依存者と特定の関係にある依存労働者が担うほかない。そのうえで，ケア関係を維持するには，そうしたケア責任を負う人のケアのニーズに対しては，また別の人が応答すべきだという社会全体での支え合いのネットワークが必要となる。誰もが依存を経験するのだから，そうした人間のあり方を社会全体で包摂しうるように，依存者のニーズを満たす関係を構想すべきなのは，「つながりに基づく平等」を企図するキテイの立場からは当然の帰結なのである。

　こうしたケアする人をも支え合いのネットワークに組み込みうる関係の範型として，キテイが提案するのが「ドゥーリア・モデル（doulia model）」である。ドゥーリア・モデルは，出産後，母として赤ん坊のケアをする女性をサポートする人を指す「ドゥーラ（doula）」に由来する。ドゥーリア・モデルが目指すところは，自分が他者に依存するようになったときには誰かにケアされることを期待でき，自分に依存する人をケアしなければならないときには必要な支援を要請でき，自分が他者に依存するようになったときには自分がケアしてきた人のケアを誰かが担う保障がある社会構想だ（Kittay 2001: 534）。こうした依存とケアを包摂しうる支え合いの社会システムを構想するのも，キテイが人間を，傷つきやすく依存的な側面を持たざるをえないものとして把握しているからにほかならない。

• • •

〈そのものらしさ〉を受容する倫理

　このように，人間は相互に依存し，お互いにケアし合わなければならない傷つきやすい存在者だというのがケアの倫理の人間観の要諦であり，そうした存在者として誰もが平等である。ここでの平等とは法的権利を平等に保有することではなく，ケア関係のなかにある者それぞれを等しく配慮することを意味する。正義が等しい者を等しく，そうでない者にはそれにふさわしい異なる扱いをする以上，そこには差異が存在し，そうした差異に基づく不平等が生じる。ケアの倫理の社会構想が，従来の「平等」を問い直すところから出発するのは，

現実の差異を十全に包含した平等こそが要請されているからにほかならない。

　こうしたケアの倫理が描き出す社会では、「すべての人が他人から応えてもら
え、受け入れられ、取り残されたり傷つけられる者は誰ひとり存在しない」（ギリ
ガン 2022：173）。そうした社会において問われるのは、理性を備えているか
どうかでも社会的協働への貢献度でもない。人間の身体の傷つきやすさと生命
の失われやすさのゆえに、誰もがケアを必要とし、ケアされることなしに生を
まっとうすることもままならないのだから、生物種として生き、何かと関係し
ていることこそが、社会成員たる条件となる。ケアの倫理にとって、「傷つきや
すさと生命の失われやすさは人間を成り立たせている人間の条件なのであって、
克服されるべきものでもなければ克服されうるものでもない」（品川 2013：21-
22）。こうした人間理解を前提としたうえで、傷つきやすく失われやすい人間の
声からケアの倫理は紡ぎ出される。だからこそ、ケアの倫理は善悪正邪をめぐ
る厳密な規準を持たない、つかみどころのない理論であるとともに、ともすれ
ばすぐにかき消えてしまいかねない理論的脆弱さをはらんでいる。しかし、倫
理学が人間の行為や生き方について問う学問であることに鑑みれば、独立して
も自律的でもないどころか、そうなる可能性すら持ちえない人々をも社会に包
摂しうるケアの倫理が、これまで取りこぼされてきた倫理的問題を扱う一つの
理論として、重要な示唆を提起していることに疑いの余地はない。そうした視
座から倫理学を問い直すと、これまで軽視されていた規範や看過されていた人
間のありようはもとより、倫理学の別様な側面が立ち現れてくる。

参考文献
—

キテイ，エヴァ・F　2010『愛の労働あるいは依存とケアの正義論』岡野八代・牟田和
　　恵監訳，白澤社。
ギリガン，キャロル　2022『もうひとつの声で——心理学の理論とケアの倫理』川本隆
　　史・山辺恵理子・米典子訳，風行社。
コールバーグ，ローレンス　1987『道徳性の形成——認知発達的アプローチ』永野重史
　　監訳，新曜社。
品川哲彦　2013「ノモスとピュシスの再考——ケアの倫理による社会契約論批判」『法の

理論』32：3-25。

ノディングス，ネル　1997『ケアリング——倫理と道徳の教育　女性の観点から』立山
　善康・林泰成・清水重樹・宮嵜宏志・新繁之訳，晃洋書房。

メイヤロフ，ミルトン　2005『ケアの本質——生きることの意味』田村真・向野宣之訳，
　ゆみる出版。

Kittay, Eva, F. 2001. A Feminist Public Ethics of Care Meets the New Communitarian
　Family Policy. *Ethics*, 111 (3): 523-547.

Tronto, Joan C. 1993. *Moral Boundaries: A Political Argument for an Ethic of Care*. New York:
　Routledge.

ケアの新しい担い手?
人手不足とケアロボット

神崎宣次

　本章の後半では，ケアする側の人（依存労働者）の問題が論じられている。労働としてケアを考えた場合，その担い手となる労働者が不足するかもしれない。人手が足りないのであれば，人以外の存在，つまりロボットなどを導入することでその負担を軽減しようという発想が出てくるのは自然だろう。実際，たとえばベッドから車椅子への移乗介助に使用するロボットやパワードスーツ，排泄介助，見回りロボットなどが開発され，使用されてきている。これらの利用により，ケアする人の負担が減るだけでなく，ケアされる人が他者に依存する度合いが軽減される。そのほかアザラシ型ロボットのパロや，犬型ロボットのAIBO，そして人型のコミュニケーションロボットも，老人ホームなどに導入されてきている。

ケアされる人への倫理的影響

　こうしたロボットを高齢者や子どもの世話をするために導入することに対する倫理学的な観点からの議論は，2010年代から活発に行われてきている。たとえば技術哲学の研究者シャノン・ヴァラーは2011年の論文において，その時点までのケアロボットの議論はケアされる人への影響に着目してきたとしている（Vallor 2011）。論点をいくつかだけ取り上げると，①高齢者が技術によって解決される「問題」とみなされてしまうこと，②ケアされる人の自由や自律性，尊厳，ケイパビリティを増強あるいは制限する可能性，③ケアされる人のプライバシーを増すか，あるいは侵害する可能性，④現実的に期待できる，ロボットによって提供される身体的および精神的ケアの質，⑤ケアされる人とケアする人との人間的な関わりの水準を減少させる，あるいは増強させる可能性，などが挙げられている（この最後の論点については，ロボット工学者である岡田美智男の著作（岡田 2012）も参照してもらいたい）。

ケアする人への倫理的影響

　またヴァラーは，ケアする側に生じる影響を検討されるべき問題としている。ケアの実践に内在する善，そしてロボットに譲り渡すことによって失われてしまうかもしれない善とはどのようなものだろうか。

　ヴァラーはここで徳倫理，ケイパビリティ・アプローチ，そしてケアの倫理に関連する論点を示している。たとえばケアの実践への関わりが減少することによって，われわれは共感や互酬性といった徳を涵養する機会を失ってしまうかもしれない。またヌスバウムのケイパビリティのリストのうち，他の人との協力・連携，自身の人生の計画について批判的反省を可能とする実践理性，そして自らを愛しケアしてくれる相手への愛などの感情に影響を及ぼすだろう。さらに，他者へのケアを通じて，われわれは自己のありように対しても倫理的に配慮できるようになる，という重要な論点についてもヴァラーは言及している。

参考文献
—
岡田美智男　2012『弱いロボット』医学書院。
Vallor, S. 2011. Carebots and caregivers: Sustaining the ethical ideal of care in the twenty-first century. *Philosophy & Technology* 24（3）：251-268.

Active Learning | アクティブラーニング 5

Q.1

ケアの倫理と規範倫理学

本章の冒頭で，ケアの倫理は第1章で説明されたような「現代規範倫理学の諸理論に異議を申し立て」，それらでは汲み尽くせない課題にアプローチすると説明されている。しかしながら，ケアの効用，ケアの義務，そしてケアの徳について検討することも可能ではないだろうか。考えてみよう。

Q.2

ケア労働とグローバル・ケア・チェーン

育児や介護に関連する労働は低賃金の労働者（本章の用語でいうと「依存労働者」）に外注されることもある。たとえば富裕国の家庭の育児が貧困国出身の労働者によって担われるかもしれない。そして，その労働者の育児はより貧しい地域の労働者に外注される……という現象をグローバル・ケア・チェーンと呼ぶ。グローバル・ケア・チェーンについて調べてみよう。

Q.3

感情労働

看護師や介護士のような依存労働者は依存者のニーズを充足するために，自分自身の感情が表に出るのを適切にコントロールすることが求められる。これは感情労働と呼ばれる。感情労働について調べてみよう。

Q.4

ケイパビリティ

第4章を読み直して，ヌスバウムのケイパビリティの議論を確認してみよう。

第6章

フェミニスト倫理学
編み込まれたジェンダーをほどく

佐藤　靜

　キャロル・ギリガンの『もうひとつの声で』による「ケアの倫理」の発見を受けて，倫理学においてもその学問の男性中心主義が問い直されてきた。その成果の一つがフェミニスト倫理学である。本章では，はじめにその背景を概観し，次いでその目的と方法論の展開について代表的な論者とその考えを紹介していく。

　フェミニズムにおいて提起された問題──ジェンダーという概念の働きに注目することで明らかになる諸問題──を倫理学はどう引き受けるべきか。倫理学という学問は，人間の行為や社会の構造について，正／不正および善悪の観点からその判断基準を吟味する学問である。フェミニスト倫理学は，ジェンダーという概念を用いて，社会で広く共有されている男性中心主義的な道徳的規範や価値の帰結として生じている構造的不正義について倫理学の観点から検討するのがその使命であるということができよう。

　従来の倫理学における方法論の一般的な区分として，規範倫理学か記述倫理学かというものがある。フェミニスト倫理学は，女性の道徳経験を記述するだけにとどまらず，そうした記述をジェンダー批評という規範理論的なアプローチから──そしてそれは徳倫理・義務論・功利主義という三大理論の枠組みに収まらない──「ジェンダーに汚染」された男性中心主義的な倫理学を「女性」のみならず多様なジェンダーに開かれたものへと作り直していこうとする記述的かつ規範的な営みであるといえる。

KEYWORDS　#フェミニズム　#ジェンダー　#道徳原理　#記述倫理　#規範倫理

1　倫理学と女性をとりまく状況

　キャロル・ギリガン（Carol Gilligan）による「ケアの倫理」の発見は，発達心理学研究の枠を超えて，様々な分野に影響を及ぼした。本章では，第5章において詳述されたこのケアの倫理を起点としたジェンダー批評が倫理学に対して与えた影響と，それによる独自の展開について概観していく。

　哲学およびその実践の学としての倫理学は，有史以来近年に至るまで「男の」学問であった。それは，哲学・倫理学史に鑑みれば明白であろう。歴代の哲学・倫理学者たちは，それこそ現代に至るまで，そのほとんどが男性であった。そして，21世紀になってもこの日本では女性哲学・倫理学研究者は他国に比べて非常に少ないのが現状である。こうした現状は，哲学・倫理学を学ぼうとする女性たちに「哲学・倫理学は男性にしかできないのではないか」という誤解と不安を抱かせるに十分なほどの偏ったジェンダー比のままである。たとえば，アメリカ合衆国では1972年に哲学女性協会（SWIP: The Society for Women in Philosophy）が結成され，1982年にはフェミニスト哲学雑誌 *Hypatia* が刊行されたが，日本では2022年現在において，このような組織もジャーナルも，まだ一つも存在しない。しかし，少数ながら，日本でもその先駆者たる女性の優れたフェミニスト哲学・倫理学者の仕事は存在している。

2　日本のフェミニスト倫理学の先駆者たち

ウーマン・リブとフェミニズム

　はじめに取り上げたいのは金井淑子の仕事である。金井の哲学・倫理学研究者としての仕事は，ヘーゲル研究，とりわけイエーナ期の研究から出発している。そして，後に1970年代に日本で起こったウーマン・リブと呼ばれるフェミニズム運動に出会い，そこで聴きとった声を哲学・倫理学研究者として吟味・検討し，独自のフェミニスト倫理学を構築している。そこではヘーゲル的な家族や愛という概念の解釈を通じて得られた知見が根底をなしており，そしてそのあり方を「フェミニンの哲学」と自ら呼んでいる。

　金井は「ウーマンリブ登場から80年代論争まで」（1990）と題して，自らがウーマン・リブという運動の片隅で考えたことを綴っている。そのなかでとくに力点が置かれているのは，ウーマン・リブにおいてなされた「女」という字に「わたし」とルビを振ることを通じて，女性がその主体性を「女／わたし」が生きることそれ自体に焦点を当てて丸ごと運動化するというラディカルさであるという（金井1990：55）。先進諸国に共通する問題状況としての女性解放運動，それは「第二波フェミニズム」と呼ばれるもので，公民権運動から学生運動へという新左翼運動の退潮期と，戦後の高度経済成長期のかげりが相俟った状況で起こった。女性が「差別と抑圧からの解放を求める主体」として自己解放の運動の論理を獲得するという，これまでの「婦人問題」の終わりとしての「女性問題」の誕生である。こうした背景のもと，金井は女性の身体性という観点から，そのなかでもとりわけ論争的なテーマであった「母性」というものに注目して論を展開していく。「女の身体を通ったコトバ」「ジェンダーを通ったコトバ」の獲得，それはいかにしてなされるのか。ここで出てくる「身体性」という概念が後に金井の鍵概念となってゆく。こうした「女／わたし」というものこそがその身体性の核にあり，それを通じて家族・母性・ケアという概念と突き合わせ，その理論を「女／母」へと展開させていくのである（金井2011）。

　金井はドイツ系の哲学研究から出発していることもあり，哲学と倫理学やその方法論を厳密には区別しない。しかし，そこにある倫理としか呼べないようなものを，それらの生成する場に，いわゆる「臨床」のまなざしを向けて，自身の身体感覚というからだまるごとでもって考えようとしていく。これは規範／記述倫理学という枠組みを超えた，なおかつ現象学的方法論とも異なる，ウーマン・リブという運動の実践を通じた自身の経験を介して金井自身が生み出した一つのフェミニスト倫理学アプローチの方法であるといえよう。

「ケアの倫理」への哲学・倫理学的批判

　さて，日本語圏においてフェミニスト倫理学という概念は，掛川典子による論文「フェミニスト・エシクスの諸問題」（1993）が管見の限り初出である。ここで検討されているのは「ケアの倫理」に対する哲学・倫理学の立場からの主要な批判である。それを要約すれば以下の三点となる。第一に，ギリガンの提

起した女性の声は白人中産階級のクリスチャン女性の典型であり，そこには非白人や労働者階級の女性，キリスト教以外の信仰を有する女性の声が不在であるため，女性全般に対する悲惨な抑圧がふまえられていないということ。第二に，女性個人の内面にある責任には注目しつつも，それをとりまく社会的コンテクストの要因が考慮されていないということ。そして第三に，経験的な声から，すなわちそうした事実から「世話（ケア）の倫理」を導き出してくるという方法論それ自体の妥当性への疑義である。

　このケアの倫理をめぐる問題提起において，哲学のなかでも宗教哲学を専門とする大越愛子は，掛川とは重なりつつも異なる見解を提示している。大越は著書のなかで「現在，フェミニスト・エシックスにおいて主張されている「ケア」倫理という問題提起は，カント以降の近代哲学の人間理解を転覆させるキイ概念となりうるかもしれない」（大越 1996：215）という。ギリガンの発達心理学研究において発見された女性の道徳発達のあり方を形作る「ケアの倫理」について，大越は，こうした差異の強調は女性の従属的地位に基づく性質の固定化につながるという反論があるが，ギリガンの力点はケアの倫理を女性独自のものとする本質主義的観点にあったのではなく，「むしろ男性優位の個人主義的道徳と異質な倫理の存在を指摘することで，カント以来の一元化された倫理学体系に亀裂を与えようとした」（大越 1996：217）と解釈する。そして，ギリガンが切り開いたフェミニスト倫理学の方向は本質主義的な観点ではなく，男性中心的倫理学を脱構築するオルタナティヴな倫理学の形成に向かっているという。掛川の第一および第二のケアの倫理に対する疑義と重なる形で，なおかつその論点をさらに深めるべく，大越は考察を掘り下げていく。

　大越によるこの二つの解釈は，まさにその後，運動においても学術界における発展を予見したものであったということができる。そこで大越が注目したのがブラック・フェミニズムという黒人女性たちの声を起点とした一連の運動である。大越は，パトリシア・ヒル・コリンズの金字塔的著作『ブラック・フェミニストの主張』の第1章に収められている論文「ブラック・フェミニズム思想の社会的構築」を引用しながら，ケアの倫理はギリガンという白人女性からも提起されているが，現実的・歴史的基盤はもともと黒人女性の共同体におけるシスターフッド（女たちの連帯）に根ざしたものであると主張されていることに

注目する（大越 1996：95，218；Collins 2022: 9, 334-336）。

・・

インターセクショナリティ

　現代日本において注目を集めている「インターセクショナリティ」という概念がある。2020年に刊行された*Intersectionality*というコリンズとスルマ・ビルゲによる一般向けの本が，2021年に『インターセクショナリティ』というタイトルで邦訳された。日本においては，批判的人種理論の提唱者として著名な弁護士であり社会運動家であるキンバリー・クレンショーの仕事を通じて注目されるようになったこの概念は，2010年代後半から注目され始め，今やフェミニズムにとって重要な概念の一つになりつつある。このインターセクショナリティ概念について主要かつ先駆的な研究を行ってきたコリンズの仕事を，大越は1996年時点でいち早く発見・言及し，その意義と展望についても見事かつ的確な翻訳・要約でもって紹介していた。

　まず大越は，インターセクショナリティという概念を「階級，人種，民族，セクシュアリティなどと交差するフェミニズム思想」（大越 1996：91）と訳出する。現在においても邦訳の定訳が定まっていない概念であり，そのままカタカナで「インターセクショナリティ」と表記されるか「交差性」と訳されることが多い。しかし，コリンズはこの概念それ自体がそもそも黒人女性たちによって生み出された概念であると明記しており（Collins 2022 bii），黒人女性は性差別，人種差別，階級差別の重層的構造のなかにいるという，その被差別経験に由来する概念である点に留意が必要である。こうした，現在のホットイシューの一つであるインターセクショナリティをふまえたフェミニズムおよびフェミニスト倫理学のあり方というものを，大越は二十数年も前からしっかりキャッチアップして議論を展開していたのである。彼女の『フェミニズム入門』（1996）は刊行から20年以上経ってもなお，フェミニズムのみならずフェミニスト倫理学を学ぶうえでも最重要かつ最良の書であるといえよう。

　以上のように，フェミニスト倫理学に関する優れた研究は，日本においても確かに存在していたのである。

3　欧米におけるフェミニスト倫理学

…

フェミニスト倫理学か，フェミニズムの倫理学か

　倫理学におけるフェミニズムおよびフェミニスト倫理学の位置づけについての検討は，スイスの哲学者アンネマリー・ピーパーによる『倫理学入門』（1997，原著1991）および『フェミニスト倫理学は可能か？』（2006，原著1998）に詳しい。前者の『倫理学入門』では最後に「フェミニズムの倫理学」という章が置かれ，フェミニズムと倫理学の関係をどう考えるべきか，その構想が示されている（ピーパー 1997：283-293）。

　なお，『倫理学入門』のこの章の原著のタイトルは*Feministische Ethik*というドイツ語だが，翻訳者はFeministischeを形容詞として「フェミニズムの倫理学」と訳している。英語圏においてはFeminist Ethics/Philosophyという表記になるが，このfeministという語を名詞としてとるか形容詞としてとるかで，その訳出が変わってくる。現在は「フェミニスト倫理学/哲学」という邦訳が多く，筆者もその含意としての政治性を適切に捉えるためにはこの訳が妥当であろうと考える。なぜならば，ピーパーに限らず，後述するフェミニスト倫理学者たちもフェミニスト倫理学の政治性を重視しているからである。

…

哲学・倫理学史から考える

　さて，ピーパーはこの『倫理学入門』のなかで，フェミニスト倫理学に関する議論はやっと始まったばかりであること，男性に定位した道徳の原理と女性に定位した道徳の原理とを統合する全体的な倫理学はなおのこと存在しないことを述べて，論文を締めくくる（ピーパー 1997：292）。それを受けて，その後に刊行されたのが，『フェミニスト倫理学は可能か？』という著作である。ここでは訳語として「フェミニスト倫理学」が選択されている。以下では，そのなかのフェミニスト倫理学の位置づけに関する部分の概要を追っていこう。

　ピーパーは，3000年に及ぶ哲学史のなかに女性が登場しないのは，思考することを男性の専売特許として主張し，女性を締め出してきたことが背景にあるからだという。その締め出し方をアリストテレスやカントのテクストのなかか

ら抉り出し，彼らが主張した女性の無知や衝動性と感情について批判を加えて
いく。また，女性の哲学者として歴史上確認できる数少ないひととして，後期
ローマ帝国すなわちヘレニズム期の哲学者ヒュパティアや，中世ドイツの宗教
家ビンゲン・フォン・ヒルデガルトを挙げ，それらは一本の線としてつながっ
ているわけではないが，女性の哲学者の存在はあったという。にもかかわらず，
男性たちがその存在を否定してきたのはなぜかと問う（ピーパー 2006：9）。

　また，女性を思考することから締め出してきた，女性に固有のものとされて
きた情動性というものがある。つまり，ごく近年まで，女性は感覚と情動性が
知性より勝っているため非理性的といわれてきたのに，1990年代頃から急に情
動的知性という側面が脚光を集め，それに関連する書物が書店にあふれ出した
状況があると指摘する。こうした背景のもと，ピーパーはこのような歴史的経
緯をふまえつつ，現代の哲学的倫理学における諸領域を以下のように整理した
（ピーパー 2006：24-25）。

　はじめに倫理学を，「純粋（基礎）倫理学」と「応用倫理学」に分ける。前者
を「記述的倫理学」「規範的倫理学」「メタ倫理学」の三つに，後者を「社会倫
理学」「政治倫理学」「環境倫理学」「医療倫理学」「科学倫理学」「経済倫理学」
の六つに区分する。そして「政治倫理学」から派生するものとして「フェミニ
スト倫理学」を位置づけ，その内実を以下の二点であるとする。第一に，セッ
クスとジェンダーのカテゴリーから人間概念や主体概念，自律概念を吟味し，
女性性や男性性に基づく道徳のあり方を批判的に検討すること。第二に，哲学
および諸科学といった様々な学問にある男性中心主義を批判し，性別に特定さ
れない道徳および倫理を構築していくことであるという。そしてピーパーは，
このフェミニスト倫理学とは，「普遍的倫理学が扱う基礎的問題とも，応用倫理
学が扱う問題とも批判的に取り組む」ものであるという（ピーパー 2006：22）。
具体的には，まず従来の倫理学上の言説が依拠している基礎を明らかにするこ
とから始めるといい，それはつまり，それぞれが経験してきた規範や価値の構
造を丁寧に記述し直す営みのことである。次に，従来の男性的な道徳の諸概念
に足りていなかったところを，女性的な道徳の諸概念によって補うということ
がそもそも適切なのかどうか，あるいは普遍的かつ人間的な道徳を構成するこ
とにはどのような意味があるのか，あるいはないのかを丁寧に吟味していく必

要があるという。これは，ギリガンがその主著『もうひとつの声で』において
描き出した，少女の道徳的発達と少年のそれとの違いに関する考察とも大きく
重なるものであるとピーパー自らもいっている（ピーパー 2006: 122-153）。しか
し，ギリガンはあくまでも心理学者であり，その仕事は実証研究であることを
忘れてはならない。ピーパーも，そうした学問領域や方法論の違いを承知した
うえで，倫理学にできること，あるいは倫理学がすべきこととしてギリガンの
提示した少女と少年の道徳発達の違いを，ケアの倫理と正義の倫理という対比
にとどまらず道徳そのもののあり方の検討まで踏み込んで道徳そのものを問い
直すフェミニスト倫理学というものを構想しているのである。

　ピーパーはフェミニスト倫理学がなぜ必要性とされるのか，その背景と意義
について以下のようにまとめている。少々長いが，たいへん重要なところなの
でそのまま引用する。

　　伝統的哲学における男性中心的な諸前提の背景に，哲学的考察を行う際の視点は
　　普遍人間的であり，その意味で男女どちらの性をも包括する視点だという暗黙の
　　想定がある。これに対してフェミニズムのアプローチは，従来の哲学はいわば
　　「ジェンダーに汚染されて」いるということ，すなわち，哲学的な構成物のうち
　　にはすでに男性の眼差しが入り込んでいるということ，したがって，「悟性」あ
　　るいは「理性」を立脚点にしているゆえに，性とは無関係だと主張するような論
　　証が，実は許しがたい普遍化に他ならないことを証明しようとする。こうして
　　フェミニスト倫理学は，まず従来の倫理学上の言説が依拠している基礎を明らか
　　にすることから始める。次に，従来の男性的な道徳の諸概念に足りないところを
　　女性的な道徳の諸概念によって補うことに，そしてさらに普遍人間的な道徳を構
　　成することには意味があるのかについて考える。応用倫理学の分野においても
　　フェミニスト倫理学は，ジェンダーの視点を採用して，さまざまな領域を使う倫
　　理学に潜む男性中心的要素を洗い出し，政治，生態学，経済などさまざまな分野
　　にまたがる多次元的な倫理学の可能性を探るという課題を担う。

　　　　　　　　　　　　　　　　　　　　　　　　　　　　（ピーパー 2006: 22-23）

　したがって，フェミニスト倫理学とは，従来の哲学・倫理学の伝統における

ジェンダーにまつわる偏見や不正義を，規範の観点から問い返し，それを糺すことを使命とする政治的な営みである。そして，フェミニスト倫理学という学問の根幹をなす人間の道徳性の問い直しという根源的な実践でもあるといえる。また，その方法論としては規範倫理学と記述倫理学のアプローチのいずれをも取り入れたものであるということができる。これこそがまさに，規範のなかに編み込まれたジェンダーをほどくというフェミニスト倫理学のあり方なのだ。

•••

フェミニスト倫理学の目的と方法

　このフェミニスト倫理学それ自体の定義は，上述したピーパーによる一連のドイツ語での仕事があるが，なぜか英語圏においてはほとんど言及されることがない。英語圏におけるフェミニスト倫理学の動向について，スタンフォード哲学百科事典（以下SEPと略記する）を参照すると，この項目の初出は2019年5月27日であり，比較的最近のことである。

　そのSEPのフェミニスト倫理学の項には，ヒルデ・リンデマンの『フェミニスト倫理学』を引用しながら，ジェンダーというものがいかにして我々の道徳的信念や道徳的諸実践に影響を及ぼしているのか理解し，批評し，補正することを目標とするものであると記されている（Lindemann 2005: 11）。より具体的にいえば，以下の三つのことを通じてそれを明らかにすることであるという。第一に，ジェンダー二元論それ自体を問うことである。第二に，歴史的に男性が得てきた特権それ自体を問い直すこと。そして第三に，こうしたジェンダーというものが維持してきた抑圧的な社会秩序や社会実践が人々に加えてきた危害，とりわけ少女や女性という非男性がいかにして，セクシュアリティやジェンダー・アイデンティティを含むジェンダー化された特質にそって歴史的に劣ったものとされてきたかを問い直す，という点である。こうした説明は，ひとまずは現状のジェンダーバイアスという女性への偏見をはじめ，あらゆるジェンダーに即した差別的なまなざしのあり方を具体的な文脈のもとで可視化するための記述的な倫理学の方法ということができよう。

　ここで引用されているリンデマンは，その著作『フェミニスト倫理学への招待』において，フェミニスト倫理学とは単に倫理学の一部門（branch）としてと

いうよりも，むしろ「倫理学をするためのひとつの方法（a way of *doing* ethics）」
（Lindemann 2005: 4）であるという。また，ローズマリー・トンは，フェミニス
ト倫理学とはそれ自体が「根源的に政治的なもの」であると述べる（Tong 1993:
160）。しかしこれは，メインストリームの倫理学から区分されたものとしての
フェミニスト倫理学に固有のものというわけではない。さらにいうなれば，質
料的（material）で実在的（nonideal）な文脈から生じる倫理理論についてのフェ
ミニスト分析によって提起されたことは，それが理論の専門家によって認めら
れたものであろうとなかろうと，そもそもすべての倫理学というのは本来的に
政治的なものであるということである。こうした考え方は，前述したピーパー
がフェミニスト倫理学を政治倫理学から派生するものとして位置づけたことと
も重なる。

フェミニズムはfeminismという単数形ではなく，feminismsと複数形で語ら
れるべきである，とよくいわれるほど多様なものである。しかし，そこに必ず
あるのはジェンダーを通したものの見方や考え方である。それゆえ，これまで
紹介してきたフェミニスト倫理学も重なり合う点は多々ありつつも，同一のも
のではなく，定義や方法論が確立しているわけではない。しかし，こうしたフェ
ミニスト倫理学というものは，それこそ第二波フェミニズムが世界各地で同時
期に多発的に起こったのと同様に，それぞれ誕生し展開しているものである。
　また，外国語で書かれた論文や著作が，必ずしも進んでいるわけではないと
いう点にも留意する必要がある。第1節でも示したように，日本語圏でも重要な
仕事が早い時期から複数存在していた。にもかかわらず，そうした女性研究者
の優れた仕事は哲学・倫理学業界では長らくその意義が十分に評価されてこな
かった。この事実を受け止めたうえで，先達の過去の仕事を丁寧に掘り起こし
ていくこともまた，フェミニスト倫理学を学ぶうえで非常に重要なことである。

参考文献

大越愛子　1996『フェミニズム入門』筑摩書房。
掛川典子　1993「フェミニスト・エシクスの諸問題」昭和女子大学編『女性文化研究所

紀要』11：31-40。

金井淑子　1990「ウーマンリブ登場から80年代論争まで」別冊宝島編集部編『わかりた
　いあなたのためのフェミニズム・入門』JICC編集局，52-61頁。

――　2011『依存と自立の倫理――〈女／母〉の身体性から』ナカニシヤ出版。

ギリガン，キャロル　2022『もうひとつの声で――心理学の理論とケアの倫理』川本隆
　史・山辺恵理子・米典子訳，風行社。

ピーパー，アンネマリー　1997『倫理学入門』越部良一・中山剛史・御子柴善之訳，文
　化書房博文社。

――　2006『フェミニスト倫理学は可能か？』岡野治子・後藤弘志監訳，田頭世光・
　宮田健一・細羽嘉子・碇智樹・上村崇訳，知泉書館。

Collins, Patricia Hill 2022. *Black Feminist Thought, 30th Anniversary Edition: Knowledge,
Consciousness, and the Politics of Empowerment*. Routledge.

Lindemann, Hilde 2005. *An Invitation to Feminist Ethics*. McGraw-Hill.

Tong, Rosemarie 1993. *Feminine and Feminist Ethics*. Wadsworth Publishing Company.

「フェミニスト倫理学」をまなびほぐす
水俣病事件における女性の身体と優生思想
佐藤　靜

　本章において，フェミニスト倫理学の背景とその目的や方法論について説明したが，具体的な事例についてはほとんど挙げられていなかった。フェミニスト倫理学とは，道徳に関する事柄についてジェンダーという概念を導入して精査する学問である。では，その道徳実践において具体的にどのような事例を検討できるのだろうか。ここでは公害という現実の社会問題を例に考えてみたい。

公害における被害

　「公害の何が悪いのか」と問われたとき，それは環境を汚染したり破壊したりするから，あるいは，人間の身体に害を及ぼし，ときには死に至らしめるのでいけないと答える人がほとんどであろう。しかし，そこにジェンダーという観点を導入すると，公害におけるその問題の核が浮かび上がってくる。

　たとえば水俣病事件は，熊本ではチッソ水俣工場が有機水銀の廃液を不知火の海に，新潟では昭和電工が同様に有機水銀を阿賀野川に垂れ流したことで，そこに生息する魚が汚染され，その魚を食べた人間や生き物が有機水銀中毒を発症した。発症した人々のうち，劇症といわれる人は激しい痙攣を伴う不随意運動や痛み，しびれ，感覚麻痺に苦しみ，ほどなくしてなくなっていった。そうでなくとも同様の症状が生じ，日常生活を送るにもひどく支障をきたすようになった。そしてそれだけにとどまらず，体内に蓄積された有機水銀は臍の緒を通じて胎児にも流れ込むのである。そうして，母親の胎内の有機水銀を吸い取って生まれたのが，胎児性水俣病患者の人々である。有機水銀値の高い人は異常妊娠や流産の率も高く，そんななか奇跡的に出生に至ったその人たちではあるが，産んだ母親も生まれた子どもたちも世間からひどい差別に遭ってきた。熊本の水俣市での胎児性患者たちの出生というニュースは，その後に同様の公害が起こった新潟に伝わり，そこで「妊娠規制」という行政指導が行われた。

その対象となったのは母親たちで，子どもに障害が出ないように体内の水銀含有量が一定数を超える人は子作りや出産に気をつけるようにというものであった。生命の誕生には卵子だけでなく精子が必要であるのにもかかわらず，女性の身体だけがその優生思想の観点から規制されるという凄まじいジェンダー不平等がそこにあったのである。

まなびほぐす，ということ

　フェミニスト倫理学とは，まなびほぐすということだ。鶴見俊輔は，ニューヨークの日本図書館でヘレン・ケラーに会ったときに，彼女が，たくさんのことを「まなんだ (learn)」が，それをあとからたくさん「まなびほぐさ (unlearn)」なければならなかったと言っていたという。それを聴いた鶴見が想起したのは編み物である。それは，型通りのセーターをまず編み，それをもう一度もとの毛糸に戻してから自分の体型に合わせて編み直すという情景で，彼女のような重複障害がなくとも，学校に通ったものにはみな当てはまるという。

　フェミニスト倫理学も同様に，その理論それ自体をただ学んだだけでは意味がない。ジェンダーという観点から女性たちが受けてきた差別や抑圧という現実問題と突き合わせること，つまり「まなびほぐす」ことを通じて初めて，意味のあるものとなるのである。

参考文献
—
佐藤靜　2020「新潟水俣病事件における妊娠規制の問題——優生思想とフェミニスト倫理学の観点からの検討」『医学哲学医学倫理』38：11-19。
鶴見俊輔　1999『教育再定義への試み』岩波書店。

Active Learning | アクティブラーニング 6

Q.1

ケアの倫理とフェミニスト倫理学の異同

第5章を読んで，ケアの倫理がフェミニスト倫理学にどのような影響を与えたのか，そしてケアの倫理とフェミニスト倫理学の異同について考えてみよう。

Q.2

インターセクショナリティの具体例

インターセクショナリティにはどのような歴史的背景があるのかまとめてみよう。そして，ケーススタディの女性と公害のような，インターセクショナリティが問題となる他の社会問題にどのようなものがあるか調べてみよう。

Q.3

フェミニスト倫理学の問題点

ジェンダーの観点というときに前提されている性別二元論的傾向について，昨今SOGI（Sexual Orientation and Gender Identity: 性的指向とジェンダー・アイデンティティ）の多様性ないしLGBTQ+の観点から再考する動きがある。インターネットでその要素について説明している「Gender Bread Person Ver.4」を検索・参照し，フェミニスト倫理学が補うべき観点について考えてみよう。

Q.4

フェミニスト倫理学とまなびほぐし

ケーススタディにある「まなびほぐし（unlearn）」とフェミニスト倫理学の方法論のどこがどう重なるのか，97頁の参考文献等を調べて考えてみよう。

第7章

現象学的倫理学
道徳経験を記述する

———

川崎唯史

　本章では，現象学的な倫理学について学ぶ。現象学は，エトムント・フッサール（Edmund Husserl, 1859-1938）によって創始された現代哲学の一潮流である。現象学は20世紀のドイツやフランスで多くの哲学者によって展開され，現代では北米や北欧でも盛んに研究されているが，そのぶん現象学についての見方も多様に拡散しており，すべての現象学者が同意するような現象学の説明をすることは難しい。

　現象学的倫理学についても事情は同様であり，「これだ」という統一的なイメージを示すことは不可能に近い。何人もの現象学者が自分なりに倫理学を行っており（Drummond & Embree 2002），扱われているテーマも，価値，行為，規範，自由，責任，他者など多岐にわたる。

　本章ではそれらを少しずつ紹介していくのではなく，現象学的倫理学を一種の記述倫理学として捉えたうえで，数名の代表的な現象学者における倫理学と，近年の重要な研究に絞って概説する。経験の記述を通して倫理学を行うというアプローチの要点をつかみ，自分でも記述できるようになることを目指してほしい。

KEYWORDS #現象学 #記述倫理学 #道徳経験 #生き方 #他人 #批判

1 │ 現象学とは何か

・

現象としての経験

　本節ではまず，記述倫理学としての現象学的倫理学を理解するために必要な限りで現象学の大まかな説明を行う。現象学における「現象」とは，私たちに何かが現れること，つまり私たちが何かを経験することを指す。現象学は，私たちの経験の探究を出発点として哲学を行う立場である。現象学は何らかの原理や思想を前提することなく，私たちが現にしている経験を記述することから始めて，世界と私たち自身について理解しながら，哲学の諸問題に取り組む（植村他 2017：4-18）。

　現象学において，「経験」はきわめて広い意味で理解されている。五感による知覚や身体を動かす行為だけでなく，目の前にない何かを想像することや，過去のことを思い出すことも経験に含まれる。また，経験の対象についても，日常的な意味では経験できないようなものまで含まれることになる。フィクションを読んで魔法や超能力を思い浮かべたり，数学をしながらきわめて大きな数について思考したりすることも，現象学的な意味では経験である。

　現象学において探究される経験には，志向性と一人称性という二つの基本的特徴がある（植村他 2017：72-92）。志向性は，経験が何かについての経験であることを指す。私たちの経験は，たとえば「白い，硬い，つるつるしている，厚い」といった感覚や印象のばらばらな流れではない。私たちは初めから，「私が壁を見る」というひとまとまりの経験のなかで，壁の白さや壁の硬さとしてそれらを感じる。同じ白であっても，白い壁を見る経験と白いノートを見る経験とでは同じように与えられるわけではない。また，白い壁を見る経験と，いつか見た白い壁を思い出す経験も，やはり同じものではない。このように経験そのものに備わっている「何らかの仕方で何らかの対象に向かっている」（植村他 2017：102）という性格が志向性であり，現象学はそうした経験の構造を明らかにしようとする。

　一人称性とは，私の経験が私という独自の観点から気づかれていることを指す（植村他 2017：83）。経験は必ず誰かがしている経験である。白い壁は誰に気

づかれていなくても存在しうるが，白い壁を見るという経験は，その経験をしている当人に気づかれずには成り立ちえない。ただし，経験が一人称的であることは，私以外の他人の経験を知ることができないことを意味しない。他人は他人で独自の観点から本人の経験に気づいているが，私が別の観点からその経験を知る（たとえば他人が白い壁を見ているのを私が見る）ことはできる。むしろ，一人称性があることで私の経験と他人の経験は区別され，私が他人を他人として経験することが可能になる。

・

経験の記述と分析

　これらの特徴を備えた経験を記述し分析することが現象学の主な手法である。現象学者たちが重視するのは，経験そのものが持っている秩序または織目に沿って記述と分析を行うことである。あらかじめ確立された自分の思想に合うように何らかの経験を取り上げて説明するようなやり方は，現象学的とはいえない。現象学的な哲学者が自分の思想を持たないわけではないが，それは経験に向き合った結果として生じ，経験との突合せによってたえず改訂されうるようなものでしかないだろう。

　現象学的な分析には，①個々の経験の内在的な特徴を明らかにすること，②異なる種類の経験同士の違いを示すこと，③ある経験と別の経験を関係づけることといった作業が含まれる（植村他 2017: 36-39）。それぞれ例を挙げよう。

①　物を見る（知覚する）ときには，同時に一つの側面しか見ることができない。カップを横から見ると同時に上から見るといったことはできず，特定の角度から見るしかない（植村他 2017: 38）。また，知覚されている物は私の意識が作り出したものではなく，向こうから現れている。現れを受け取るという意味で知覚は受容的である（植村他 2017: 43）。これらは，どんな物を見る経験にも見出される内在的特徴である。

②　私がカップの方を向いて目を開けている限り，カップは見え続ける。それに対してカップを想像する経験においては，私は自由に想像を始めたりやめたりすることができる（植村他 2017: 46）。また，カップを買いたいと思う欲求の経験では，知覚とは異なり，カップの一側面しか同時に与えられないということはない。このように内在的な特徴の違いによって，様々

な経験を区別することができる。

③　経験にはそれぞれの内在的特徴だけでなく，他の種類の経験との関係において捉えられる特徴もある。たとえば思い出す（想起する）という経験は，今までに見たり聞いたりしたものしか思い出すことはできない（見聞きしたことのないものを思い浮かべるのは想像である）という意味で，過去の知覚によって可能性を枠づけられている（植村他 2017：49）。また，思い出している内容が正しいかどうかも，過去の知覚に照らすことで確かめられる。過去に見聞きしたのとは異なるものを思い浮かべているなら，その想起は正しくない。このように，想起は可能性や正当性に関して知覚に依存しているという関係的な特徴を持っている（植村他 2017：50）。

以上のような記述と分析を通して，現象学は私たちの経験の構造を明らかにする。ただし，記述と分析は方法であって目的ではない。目的はどのような領域において現象学を行うかに応じて異なるが，哲学の場合は，「私たちはどのようにものごとを認識するのか」とか「世界には何が存在するのか」といった哲学的な問題に答えることが目的となる。あるいは，従来の哲学が見落としてきたような種類の経験にとどまって新たな問いを提起したり，伝統的な問題を別の角度から取り上げ直したりすることもあるだろう。倫理学という領域で現象学する場合も同様だが，詳しくは次節以降で確認しよう。

・

非明示的水準への注目

志向的で一人称的な経験を探究することが現象学の主な特徴であることを見てきた。もう一つの現象学の特徴として挙げておきたいのは，経験の非明示的な水準に注目することである（池田 2019）。明示的な水準とは経験をしている当の私がはっきりと意識しているレベルであり，非明示的な水準はそれよりも下にある，私が注意を向けてはいないが経験はしているようなレベルのことである。たとえば夏の教室で授業を受けていて，集中して教師の話を聴いているとき，私にはエアコンの音も聞こえているが，そちらに注意を向けてはいない。この経験において明示的な水準にあるのは教師の話であり，エアコンの音は非明示的な水準にある。私の意識の主題になっていないという意味で，非明示的な水準は「非主題的」な経験と呼ばれることもある（植村他 2017：66）。

　現象学の創始者であるフッサール自身は，明示的な水準も非明示的な水準も研究していた。しかし，フランスでの現象学の発展に大きな貢献をなしたモーリス・メルロ＝ポンティ（Maurice Merleau-Ponty, 1908-1961）は，非明示的な水準に注目することこそが現象学の独創的な点だと主張し，そうした方向へと現象学を推し進めた（メルロ＝ポンティ 1967：209）。この特徴が現象学にとって決定的なものかどうかは現代でも意見の分かれるところだが，他の研究方法と比べたときに，非明示的な水準への注目が現象学の強みの一つになることは多くの人が認めるだろう。現象学的倫理学においてもこの強みが活かされることはしばしばある。

2 | 現象学的倫理学とは何か

道徳経験の記述

　前節では，現象学が経験の記述と分析を手法とすることを見た。現象学的倫理学は，広く道徳や倫理に関する経験を記述し分析することで倫理学の諸問題に取り組む。そうした経験を以下では「道徳経験」と総称することにしよう。道徳経験というと，友人に嘘をついていいかどうか悩むこと，困っている人を助けること，迷惑をかけた相手に謝ることといった経験が思い浮かぶかもしれないが，現象学的倫理学が扱う道徳経験はもっと広い範囲に及ぶ。他人や自分の行為を善いまたは悪いと感じたり，何かをすることが倫理的に許されるかどうか気になったりするといった，日常でそれと気づかないほど頻繁に生じている経験も研究の対象になりうる。

　道徳経験のうち，初期の現象学的倫理学において議論の中心となっていたのは，感情の経験である。フランツ・ブレンターノ（Franz Brentano, 1838-1917）の『道徳的認識の起源について』（1889年）はフッサールの倫理学に多大な影響を与えた著作で，現象学的倫理学の起源といえる（吉川他 2012：289-290）。ブレンターノはそこで，認識や判断のような悟性のはたらきではなく，愛と憎しみという感情に善悪という道徳的価値の起源を見出している（吉川 2011：24-27；八重樫 2017：112-137）。私たちが善悪を知るのは，何かを愛したり憎んだりすることによってだということである。

　ただし，ブレンターノは衝動的な感情と明証的な感情を区別しており，後者だけを善悪の起源と見なしている。明証的な感情は主観に左右されず，合理性を備えた高次の感情であるという。たとえば道に迷っていた人が，道案内をしてくれた人に怒りの感情を抱くのは明らかに不適切であり，感謝の気持ちを持つのが適切だろう。このように記述と分析を通して感情の合理性や道徳的価値に関わる経験を探究するという方向性は，フッサールやマックス・シェーラー（Max Scheler, 1874-1928）の現象学的倫理学に引き継がれていった（吉川他 2012: 291-295）。

　感情と価値についての研究は現象学的倫理学の一大トピックであるが，現象学者たちは他にも様々な道徳経験を論じている。以下，フッサール，メルロ＝ポンティ，エマニュエル・レヴィナス（Emmanuel Lévinas, 1906-1995）の三者に絞って紹介しよう。

‥ フッサール —— 個人倫理学

　まず，個人の生き方についての倫理，つまり「よく生きるとはどういうことか」という問いへの現象学的な取り組みとして，1920年代以降のフッサールの倫理学を見てみよう。フッサールは主要著作のなかで倫理学的な議論を盛んに行ったわけではないが，日本の『改造』という雑誌に寄稿した数本の論文や講義では倫理的な生き方について記述しており，近年注目を集めてきた（吉川 2011: 185-205；八重樫 2017: 207-216）。

　私たちは個々の状況において何をするべきかを考え，日々行動しているが，その一方で自分の人生全体における目標を設定したり，「どう生きるべきか」と悩んだりもする。人生の目標や，生きるうえで常に大事にする価値観を持っている人は，それらに合わせて個々の決断や選択を行うだろう。そのように自分の人生を方向づけ，目指す未来へ進んでいくことをフッサールは「自己形成」と呼ぶ。そして，理性を重視するフッサールは，自分の生を合理的に評価し規制する「実践理性」の下での自己形成について記述している。

　フッサールはまず，「使命」に従う生という様式を記述している。使命とは，ある人が無条件に目指し，実現しようとする価値であり，その人にとって絶対的な価値である。フッサール自身は学者にとっての学問や親にとっての子ども

への愛を使命の例として挙げているが，価値の内実は人によって異なる。使命に従って生きる人は，その価値を全身全霊で愛し，それを実現することに人生を捧げるという。使命は，それを実現しなければ自分自身ではいられないと思わせるような価値であり，使命を実現することはその人に最も深い満足を与える。それゆえ，使命に従う生はそうでない生よりも満足のいくものだとフッサールは述べている。

しかし，使命に従う生は二つの点で十分に理性的ではないため，本当に倫理的な生き方ではないとされる。まず，何らかの使命に従っているだけでは，人生のあらゆる可能性を考慮し，これが最善の生なのかどうかを反省するという「自己批判」が行われていない。ただし，人間は有限な存在であり，自分の未来をすべて見通すことはできないため，確実に最善だといえるような使命を見つけることはできない。そこで人は，たとえ実際には到達できないとしても，極限的な「理想」として，完全に理性的に正当化された生を目指すことになるとフッサールは述べている。

また，使命に従う生においては，使命への愛が非合理であるかもしれない。私の使命は単に私の生まれた地域や家庭の影響で選ばれたものに過ぎず，その価値についてよく考えたうえで選び取られたわけではないかもしれない。そのように偶然的な仕方で行われた自己形成は理性的ではないとされる。倫理的な生においては，最高の価値がはっきりと「洞察」されていなければならないというのである。

理性的な吟味のさなかで，それまで人生の目標としてきた使命が価値を失うこともあるかもしれない。そのとき，私は新たな自己形成を促されることになる。理想に向かってたえず反省を繰り返し，自分自身を作り変えていくという意味で，フッサールは倫理的な生き方を「革新」とも呼んでいる。

‥

メルロ＝ポンティ——社会倫理学

次に，他人との関わりにおける倫理の問題について，メルロ＝ポンティの議論を見てみよう。メルロ＝ポンティは身体の哲学で有名だが，倫理学に関する論文も遺している（川崎 2022）。また，彼は小説や裁判記録を題材としてはいるが，一人称的な観点から道徳経験を記述している点で現象学的倫理学を行って

いるといえる。

　他人をめぐるメルロ＝ポンティの論述において特徴的なのは，私と他人の関係をお互いに意味づけ合うものとして捉える点である。私は身体をもって世界に生まれてくるため，他人を知覚するだけでなく他人からも知覚されうる。それゆえ，私という存在には，私自身にとっての私（対自存在）だけでなく，他人にとっての私（対他存在）という次元も組み込まれている（メルロ＝ポンティ 1974: 363）。メルロ＝ポンティのいう「間主体性」とは，複数の主体がお互いに知覚し合い，意味を見出し合うシステムのことを指す。

　私は他人に単なる身体として見られるわけではなく，様々な性質（容姿や性格に関するもの，職業や社会経済的立場についてのものなど）を備えた何者かとして知覚される。メルロ＝ポンティが記述しているのは民族（ネーション）という社会的性質である（メルロ＝ポンティ 1983: 203-216）。第二次世界大戦中にフランスがドイツに降伏し，パリがドイツ軍に占領された際，人々はお互いを一人一人異なる個人としてではなく，「フランス人」「ドイツ人」「ユダヤ人」などとして知覚し，お互いにそうした存在として敵対的に振る舞うことになった。ただし，他人を特定の性質へと還元し，個性を無視して一般化する暴力的な知覚は，戦時だけの例外ではない。むしろ，想像や偏見交じりに他人のイメージを持つことの方が基礎的な現象であり，お互いを個人として尊重し合う関係は人々が努力によって平和を築いたときにのみ可能なものだとメルロ＝ポンティは述べている。

　メルロ＝ポンティにとって「歴史」とは，人々が自分でも知らぬ間に何らかの役柄を割り振られ，想像や幻想が入り混じった社会のなかで関わり合う場である。歴史における私の行動は，私が意図しなかった結果を生んだり，予想だにしない仕方で他人に解釈され，評価されたりすることを避けられない。そのようにして課される「歴史的責任」に対し，他人から見れば自分のしたことだとして正面から受け止めて対処するような行為に，メルロ＝ポンティは独特の道徳性を見出す（川崎 2022: 269-275）。自分では制御しきれないにもかかわらず，自分の対他存在を引き受けることが評価されるのである。

··
レヴィナス── 倫理の基礎

　レヴィナスは「他者の倫理」と呼ばれる独自の思想で知られるが，その出発点にはフッサール現象学の研究があり，レヴィナス自身の思想も一人称的な経験の記述と分析を通して練り上げられたものである。とりわけ，他人の「顔」についての記述は，私と他人が結びうるあらゆる関係（友好関係であれ，敵対関係であれ）においていつもすでに成り立っている関係を探究しているという意味で，「基礎関係の現象学」（鈴木 2021：265）だということができる。

　顔の概念を用いるレヴィナスの独特なところは，私が他人を知覚するのではなく，他人が私に向かって現れ，私に語りかけてくる経験として記述している点である（レヴィナス 2020：343-362）。物を見る経験において，私は様々な性質を備えたものとしてそのイメージを持つ。レヴィナスによれば，他人の顔はそうしたイメージに収まることをつねに拒む。「君は〜な人だ」という私の考え（観念）を踏み越えるようにして他人は現れてくるのだという。

　他人は私の理解を超えており，意のままにしようとする私の力を麻痺させる。それゆえ，私は殺害によって他人を全面的に否定するように誘われるのだが，他人の顔は物理的にではなく倫理的に抵抗する。顔が最初からずっと私に語りかけてくるのは，「汝殺すなかれ」という命令である。こうした顔の声に耳を傾けないことはできないとレヴィナスはいう。顔の語りかけは，私を他人との関係に拘束する。自由に動き回り，世界を我が物にしようとしていた私のエゴイスティックなあり方は問いただされ，他人に応答する責任が課される。こうした他人との関係をレヴィナスは倫理と呼ぶ（レヴィナス協会 2022：40-42）。

　このようにレヴィナスは，他人と対面するという経験を，他人からの声を聴き取る私の一人称的観点から記述することで，他人とのあらゆる関係の根底に倫理的関係があることを示そうとした。「顔」という独特の概念も，経験の記述から汲み取られたものである。その意味で，レヴィナスの論述は倫理の最も基礎的な次元についての現象学と見なすことができるだろう。

3│記述を通した理解と批判
…
道徳経験の理解

　前節では，何人かの古典的な現象学者たちによる道徳経験の記述と分析を紹介した（ここで紹介できなかったマルティン・ハイデガー（Martin Heidegger, 1889-1976）の倫理学については，池田（2011）と高井（2022）を参照）。本節では近年の研究も取り上げつつ，現象学的倫理学の意義と可能性について見ていく。

　倫理学ではしばしば特定の場面における一つの行為や判断に焦点を当てるが，現象学的倫理学では行為者にも注目する（吉川 2017: 7-8）。個人の人生全体に関わる「生き方」を論じたフッサールの研究がその例である。一つの行為は，行為者の過去，他の行為者や周囲の環境などと結びついている。そうした文脈も含めて道徳経験を厚く記述することは，普遍的な議論を求める一般的な倫理学とは異なる現象学的倫理学の特徴である。

　具体的な経験を記述するなかで，現象学的倫理学は行為したり判断したりする者の立場や視点の違いにも目を向ける（吉川 2017: 8）。たとえば同じ病気という出来事であっても，医師と患者とその家族でまったく経験の仕方が異なることがある。また，私たちはいつも他人と対等な関係にあるわけではなく，親子のように非対称な関係を結んでいることも多々ある。記述を通してそうした関係に固有の倫理を見出すこともできるだろう（小手川 2017）。それぞれの観点から見える世界を記述することは，倫理問題に巻き込まれている様々な人々の誤解や対立を解きほぐすことに役立つかもしれない（植村他 2017: 194）。

　特定の理論を前提とせずに経験を記述することで，現象学的倫理学は既存の倫理学が目を向けてこなかったところに倫理を見出すこともある。たとえば村上靖彦は，回復の見込みがないなど「どう対応していいのかが分からない」状況に関わる看護師たちの語りの分析を通して，特定の応答の手前にある「状況に直面して答えを探しつづけること」そのものを一つの倫理として発見している（村上 2018: 225）。こうした現象学的研究による道徳経験の解明は，倫理学の枠組みや視野を広げることにもつながるだろう。

···
抑圧的な社会規範の批判

　現象学的倫理学は，社会の構造がもたらす差別や抑圧の経験を記述すること
を通して，社会に浸透している規範を批判することもできる。たとえばシモー
ヌ・ド・ボーヴォワール（Simone de Beauvoir, 1908-1986）の『第二の性』（1949
年）は，男性中心の社会が作り出した「女の神話」が女性を抑圧していること
を示したうえで，現実の女性が慎ましく従順になるよう育てられ，妻や母とし
て家庭に閉じ込められるといった経験を通して女性に「なる」ことを記述して
いる（ボーヴォワール 1997）。重要なのは，『第二の性』が女性や社会のあるべき
姿を指し示すことはせず，女性が不自由を強いられる現実を記述するのに徹し
たにもかかわらず，フェミニズムという社会変革運動に大きな影響を与えたこ
とである（池田 2017：69）。理想や目標を示さないとしても，現象学的倫理学は
人々が現に経験している「おかしさ」を言葉にすることで，立ち上がるきっか
けになりうるのである。

　現象学はまた，マジョリティから誤解に基づく差別や嫌悪を向けられている
人々の経験を記述することで，社会の認識を問いただすことにも役立つ。たと
えばトランスジェンダーの人々について，自分に与えられた身体を拒否し，好
きなようにアイデンティティを作り直そうとする存在としてイメージしたうえ
で，誰でも自分の望む性別のトイレや風呂に入れるようになったら「女性」の
安全が脅かされると考える人は少なくない。これに対して現象学は，トランス
ジェンダーの当事者たちにおいて性別は自由に選び取れるようなものではなく，
物質的身体とは異なる「身体イメージ」において体験されており，「間違った身
体」を生きているという性別違和の感覚をもたらしていることを示してきた（稲
原他 2020：115-126）。

　現象学的倫理学は記述倫理学であり，私たちが従うべき規範を示すわけでは
ないが，社会の現状を追認するとは限らない。実際に排除されたり不当な扱い
を受けたりするのに先立って，誰の経験に注目し，重んじるかというレベルに
おいて，社会はすでに偏っている。現象学はそうした認識の社会的な枠組みに
対して，経験の記述を通して批判的に働きかけることもできるのである。

参考文献

池田喬　2011『ハイデガー――存在と行為』創文社。

　――　2017「品川哲彦氏からコメントへの応答――倫理学とは，規範を示すとは，現状の改革とは」『倫理学論究』4 (2)：60-69。

　――　2019「行為のなかの意図？――現代現象学とハイデガー」『哲学の探求』46: 2-20。

稲原美苗・川崎唯史・中澤瞳・宮原優編　2020『フェミニスト現象学入門――経験から「普通」を問い直す』ナカニシヤ出版。

植村玄輝・八重樫徹・吉川孝編　2017『ワードマップ現代現象学――経験から始める哲学入門』新曜社。

川崎唯史　2022『メルロ＝ポンティの倫理学――誕生・自由・責任』ナカニシヤ出版。

小手川正二郎　2017「子をもつことと親になること――「家族」についての現象学的倫理学の試み」『倫理学論究』4 (2)：23-33。

鈴木崇志　2021『フッサールの他者論から倫理学へ』勁草書房。

高井ゆと里　2022『ハイデガー――世界内存在を生きる』講談社。

ボーヴォワール，シモーヌ・ド　1997『決定版　第二の性Ⅱ　体験』中嶋公子・加藤康子監訳，新潮社。

村上靖彦　2018『在宅無限大――訪問看護師がみた生と死』医学書院。

メルロ＝ポンティ，モーリス　1967『知覚の現象学Ⅰ』竹内芳郎・小木貞孝訳，みすず書房。

　――　1974『知覚の現象学Ⅱ』竹内芳郎・木田元・宮本忠雄訳，みすず書房。

　――　1983『意味と無意味』滝浦静雄・粟津則雄・木田元・海老坂武訳，みすず書房。

八重樫徹　2017『フッサールにおける価値と実践――善さはいかにして構成されるのか』水声社。

吉川孝　2011『フッサールの倫理学――生き方の探究』知泉書館。

　――　2017「現象学的倫理学に何ができるか――応用倫理学への挑戦」『倫理学論究』4 (2)：4-9。

吉川孝・横地徳広・池田喬編　2012『生きることに責任はあるのか――現象学的倫理学への試み』弘前大学出版会。

レヴィナス，エマニュエル　2020『全体性と無限』藤岡俊博訳，講談社。

レヴィナス協会編　2022『レヴィナス読本』法政大学出版局。

Drummond, J. J. & Embree, L. (eds.) 2002. *Phenomenological Approaches to Moral Philosophy: A Handbook.* Kluwer Academic.

「男らしさ」の現象学的分析
男性の二つの自己欺瞞

寺本　剛

　スイスの非営利団体である世界経済フォーラムは「経済」「政治」「教育」「健康」の四分野で男女間の不平等を数値化したジェンダーギャップ指数を毎年公表している。2021年の日本の総合スコアは0.656であり，順位は156か国中120位だった。先進国のなかでは最下位のスコアであり，アジア諸国のなかで韓国や中国，ASEAN諸国より低い結果である。政治分野と経済分野で女性が要職や常勤職に就く割合の低さがスコア低迷の主な原因であり，依然として社会制度，社会構造，社会慣行の大幅な見直しが必要だということが分かる。

　ジェンダー平等に向けた日本の取り組みが絶対的にも相対的にも進んでいかない状況はどうしたら変えていけるだろうか。おそらく私たちは，頭ではジェンダー不平等の存在を認め，その倫理的な問題性を理解してはいる。しかし，根本的な経験のレベルでは固定的な性差意識に拘束されており，それが構造的・制度的ジェンダー不平等の支えになってしまっているのではないか。構造的・制度的な変革を促すためにも，こうした深層レベルの偏向に私たち一人一人が真摯に向き合い，責任感を持ってそれを変えていかなければならない。一人称的な観点から体験や経験を記述し，分析する現象学的倫理学は，これまで無意識に，あるいは意図的に見過ごされてきた自分のなかの性差意識や偏見を明るみに出し，それを変えていくための助けとなる。

　小手川正二郎はこうした観点から「男らしさ」について現象学的に分析し，男性の二つの自己欺瞞を指摘している。家父長的な社会においては，他人に経済的に依存せず，「自立し自律している」のが「一人前の男」だと考えられている。こうした男性の自立・自律は，じつは，家庭という私的領域において家事・育児・介護をはじめとする様々な仕事を女性が行うことで成り立っているのだが，男性の方はこうした女性のサポートへの依存を「なかったことにする」という自己欺瞞を暗黙のうちに行っている。さらに，男性は「自立・自律した男

性」として振る舞うことを，女性を含む周囲の人々から求められており，自分
がサポート側に回ることは求められていない，と思い込んでいる。自分で勝手
に抱いている理想像を他人や社会に起因するものと偽っているという点で，こ
こでも男性は自己欺瞞的に振る舞っていることになる。

　こうした二つの自己欺瞞を，男性は意図的に行っているわけではおそらくな
い。むしろ，これまで生まれ育ってきた社会的，文化的，制度的環境の影響を
受けて，無意識にそうした態度をとってしまうのである。しかし，だからといっ
て男性に責任がないということにはならない。二つめの欺瞞が示しているよう
に，性差に関する偏った見方や欺瞞的な態度は，社会制度や規範によって構築
され，外側から押しつけられているというだけでなく，男性がそれを自らの経
験のレベルで内側から受け入れ，保持し，場合によっては増幅してしまってい
るからこそ成立している。個人の体験や経験という次元に着目し，それを記述・
分析する現象学的倫理学は，性差別が成立する受動的メカニズムだけでなく，
暗黙のうちにその差別を受け入れ，固定化していく男性の能動的な態度も可視
化する。そして，そのことによって，二つの自己欺瞞に対する責任を男性が認
識し，それを変えていくきっかけを与えてくれる。

参考文献
—
小手川正二郎　2018「「男らしさ」（masculinities）の現象学試論——「男らしさ」の現象
　　学はフェミニズムに寄与しうるのか？」『國學院雑誌』119（12）：1-14。

Active Learning ｜ アクティブラーニング 7

Q.1

性差意識について現象学的に考えてみよう

私たちは気づかないうちに性差に関して固定的な見方をし，また，それが行動や意志決定に反映されてしまっている。ケーススタディも参考にしながら，自分の体験や経験に潜んでいる性差についての意識を記述・分析してみよう。

Q.2

人種差別について現象学的に考えてみよう

私たちの意識には，自分以外の人種の人々を固定的な類型に基づいて画一的に認識してしまう偏見も潜んでいる可能性がある。どういう人種の人々に，どのような意識を抱いているのか，それはなぜなのか，記述・分析してみよう。

Q.3

教師と学生の関係について現象学的に考えてみよう

学生が教師にタメ口をきくことはあまりなく，敬語を使うことが多い。なぜだろうか。どうして人は，人からものを教わるときに，その人に尊敬の意を示す必要があるのだろうか。自分の体験を振り返って，分析してみよう。

Q.4

誰かを愛することについて現象学的に考えてみよう

家族愛，恋愛，人類愛，性愛，友愛など，愛にもいろいろな形がある。これらに共通する本質はあるだろうか。あるいは，それぞれはどう違っているだろうか。自分の経験，小説や物語などを参考に，分析してみよう。

第8章

善き生・幸福
「善き人」への学び

濱岡　剛

　古代ギリシアの哲学者ソクラテスは「いちばん大事にしなければならないのは生きることではなくて，よく生きることだ」と勧告する。彼の勧告は，「人はだれでも幸福を願っている」というもう一つの主張と結びつけ，「善き生」＝「幸福」という前提のもとで理解される必要がある。本章では，「善き生」，「幸福」を追求することが道徳にとってどのような意味を持つかを検討し，善き人であろうとすることを道徳の基本とする徳倫理について学ぶ。善い行為を，自分の利害をまったく度外視することを要求するものと捉えるならば，なぜ人は道徳的に行為するのか，という道徳に対する動機づけの問題にうまく答えられなくなる。善いことをすることが自分の幸福につながると考えてこそ，人は自分の考えている「善い」ことが本当に善いことなのかと真剣に考え，それを実現しようとすることができる。近代では何が「幸福」であるかの判断は，個人の主観に委ねられることが多いが，「社会的動物」である人間は，人と人の相互関係のなかではじめて人生の意味を確認できるのであり，善き人への学びを始める。

KEYWORDS　#幸福　#善き生　#人生の意味　#徳　#社会的動物

1│「善く生きる」ための道徳

・

ソクラテスの勧告

いちばん大事にしなければならないのは生きることではなくて，よく生きることだ。

（プラトン 1998：137）

　古代ギリシアの哲学者ソクラテス（Socrates, BC470/469-399）は，青少年を堕落させ新奇な神をアテナイに持ち込んだとして裁判にかけられ死刑を宣告された。死刑の前日，友人のクリトンが牢獄に忍んで来て脱獄を進めるが，自分の行いについて常にその正当性を吟味し続けて生きてきたソクラテスは，自らの生死に関わる場面でも，それが正しいことなのか，自分にとって善いことなのかと問う。たしかに，脱獄して国外に出れば生きながらえることができる（しかも，むりやり連れ帰ろうとする者はまずいないだろう）。しかし，それは「よく生きること」なのだろうか。それはむしろ惨めな生，不幸な生ではないのか。死を前にしてこのような吟味を冷静に行うのは，普通の人には到底できそうにないが，こうした問いそのものはソクラテスに限った特別なものではなく，日常生活においても必要とされることである。

　彼は，「生きることではなくて，よく生きること」の重要性を，誰もが幸福であることを願っているという自然な事実から示す。多くの人は，日常の生活のなかの一行為について，いちいちそれが幸福につながるかどうかを問うことはないだろうが，少なくともそうすることが自分にとって「善い」ことだという意識を抱いているだろう。後から後悔することは多々あるとしても，その場ではそうすることが何か善いことにつながると思ってそうしたのである。ソクラテスについて最も有名であろう「無知（不知）の知」という言葉も，そのような場面でこそ，その意義が明確になる。誰もが，自分が善いと考えているものを得ることを動機として行為しているはずなのだが，自分にとって本当に善いことが何であるのか自分は知っているのか，その行為が善いことにつながると判断できる正しい判断基準を自分は持っているのか。そのようにソクラテスは

問いかける。このような問いに対して，自分の行為を導いてくれている確かな知を持っていると自信を持って言える人はいるだろうか。自己反省を通じてそのことに気づくのが「無知（不知）の知」である。

・

道徳と幸福

　　少なくとも人が惨めで不幸な者でありたいと思わないなら，だれもが悪いものを
　　欲しないことになる。　　　　　　　　　　　　　　　　（プラトン 1994：35-36）

　誰もが幸福であることを願い，そのために様々なことを行っている。誰も好んで不幸になることを求めはしない。あなたのやろうとしていることについて，なぜそれをするのかと問われるならば，これこれの善いことがあるからと答えるだろう。それがなぜ善いのか，とさらに問いを続けていくならば，自分の幸福のためというところに行き着く。アリストテレス（Aristoteles, BC384-322）は，何を幸福と見なすかについては様々な意見があるが，幸福であることが究極の目的だという点では意見が一致しているという（アリストテレス 2002：10）。この点は，古代ギリシアの倫理思想の基本的前提の一つといってよい。

　しかし，現代の我々は，こうした考え方に違和感を抱くかもしれない。道徳的に推奨されるという意味で「善い」ことと，自分に得になるという意味で「善い」こととは区別されなければならないと感じる。幸福が善いことだというのは後者の意味であって，前者の意味での「善い」とは区別されなければならないのではないか。道徳は自分の損得を棚上げにして善行をせよと命じるものではないか。こうした見方からすると，幸福ということを倫理的な議論の自明の前提とするのは受け入れがたいかもしれない。

　しかし，道徳的な意味で善いことを人はなぜ行おうと思うのか。道徳は，「それは為すべきことである」と判断することで終わるのではなく，その判断が具体的な行為に結びつくことを要請する。「君のやっていることは悪いことだ」と指摘され，その指摘に納得するならば，人はそれをすることを控える。やってしまった後ならばそれを後悔し，二度としないと思う。道徳判断は行為の動機につながっては初めて意味がある。そう考えると，自分にとって善いことだか

118

らこそ，それを行うという視点は無視できない。「幸福」ということを道徳の議論にいきなり持ち込むのは飛躍が過ぎるように思われるかもしれないが，究極目的としての幸福につながる行為の動機の問題を等閑に付すわけにはいかない。では，近代の規範倫理学を代表する理論である義務論と功利主義は道徳の動機に関わるこの問題をどのように考えるだろうか。

・

義務のために自分の幸福を犠牲にする？

　義務論にとってある行為が道徳的に善い（正しい）とされるのは，行為者が「そうする（しない）ことが義務であるから，そうする（しない）」という場合のみである。問題となっている行為から有益なことが帰結するからそれをするという場合，たとえそれが義務に合致していたとしても，それだけでは道徳的に善いとは見なされない。たとえば，正直者は通常ならば賞賛されるであろうが，もし正直であることで他人から信頼され社会的な成功につながることを期待してそう振る舞っているとすれば，それは道徳的に善いものとはいえない。こうした見方からすると，幸福追求を道徳の根拠として持ち出す考え方は到底受け入れられない。

　では，なぜ義務に従うのか。義務を基礎づけるためにイマヌエル・カント（Immanuel Kant, 1724-1804）は，人が理性的存在であることを強調する。理性は，ある目的（たとえば幸福の実現）を前提として立てて，そのための手段が何かを教えてくれることもあるが，そうした合理的推論とは別に，何らの前提なしに無条件に人の為すべき（あるいは為すべきでない）ことを示す。人は，理性的推論に基づいて自ら規則を定め，自ら定めた以上それに従うのだと考える（カント 2012）。

　たしかに人の人たる所以は理性にあるといえるが，それで人間という存在を語り尽くせるわけではない。困窮する友人を助けるという場面を考えてみよう。困っている人を援助しなければならないという義務から友人を助けたならば，それは道徳的な行為である。しかし，たまたま困っている人が友人だからということで助けの手を差し出すならば，それは道徳的な行為とはいえない。義務に従って人助けをするのは確かに立派なことではあるけれど，人間関係は親愛という感情的な温かみ抜きには成り立たない。ただ義務だからというだけでは

あまりにも不人情であるように思われるし，現実的ではない。

　感情に基づく判断はしばしば依怙贔屓につながる。聖人ならともかく，それを完全に排除することは普通の人間には簡単にはできない。そのような限界を乗り越えるという点で，カントの理性に基づく倫理思想が貴重なものであることは認めなければならない。しかし，カントがいうような道徳法則に対する尊敬だけで人間は行動できるわけでもない。

・

みんなの幸福のために自分の幸福を犠牲にする？

　功利主義の基礎を確立したジェレミー・ベンサム（Jeremy Bentham, 1748-1832）の格言として「すべての人は一人として数えられ，誰についてもそれ以上に数えられない」（ミル 2021：153）というものが伝えられている。功利主義は，「最大多数の最大幸福」というフレーズに代表されるように，ある行為が道徳的に善い（正しい）かどうかを，その行為が関係する人々の幸福を増大させるかどうかによって判断する。つまり，行為の影響が及ぶ人たちすべての利害を計算する，いわゆる功利計算によって，可能な選択肢のなかで最も効用の高いものを選び実行に移そうとするのであるが，その際に誰か特定の人の利害を特別扱いしてはならない。徹底して平等な配慮が要請される。政策決定のような場面ではそれは当然のことであるかもしれないが，個人の行為についてもそれを求めることができるだろうか。依怙贔屓しないということは誰もが認める道徳のルールであろうが，自分自身についても特別なウェイトを置くことをせず，関係者の一人に過ぎないと見ることは可能だろうか。だが，「誰でも一人として数え」るという原則は，そう考えることを要請している。

　さらに，自分自身の利害をも他の人の利害と同じウェイトで評価できたとしても，その評価判断に基づいて，自分自身にとって不利益であるかもしれないとしても，他の多くの人の利益になることだからと平然と実行することができるものだろうか。自分自身の利益，幸福を犠牲にして他の人たちの幸福を実現するという聖人のようなことを行う動機はどこから生まれるのだろうか。

　ジョン・スチュアート・ミル（John Stuart Mill, 1806-1873）は，「他の人々の利益は自分自身の利益だという感情」（ミル 2021：82），つまり同胞意識が功利主義を実効性のあるものにするという。この欲求は人間本性に基づく自然なも

のであり，「文明が進展していくにつれて，ますます自然なものに感じられるようになる」（ミル 2021：83）。そのことをさらに理論的に正当化しようとして，道徳的に振る舞うことが行為者にとって最善なことであると，ある種の功利計算によって証明できるかもしれない。しかし，現実に人々がこのような感情を抱いているとすれば，功利計算によってこうした感情が芽生えているとは考えがたく，道徳の動機の解明は功利主義の枠内には収まりえない。

2 │ 幸福とは

何が私の幸福かは私が決める?

　ソクラテスは，誰もが幸福であることを願っている，という事実を根拠として「よく生きる」べきことを示した。このように幸福を人生の目的と見なし，行為の基準として倫理の基礎に据える考え方は，ギリシア語で「幸福」を意味する「エウダイモニア（eudaimonia）」から，「幸福主義（eudaemonism）」と呼ばれる。「最大多数の最大幸福」を目指す功利主義も広い意味で幸福主義に分類できるが，ソクラテスをはじめとする古代ギリシアの哲学者たちが倫理の根拠として幸福を持ち出すとき，それは行為者自身の幸福追求が善い行為の動機となることを考えている。

　幸福を願っているかと聞かれればそれを否定する人は誰もいないだろうが，では願望の対象である「幸福」が具体的に何なのかといえば，答えは千差万別だろう。今自分がしたいと強く思うことを思い描いて，それが実現できたら幸福な気持ちになれるかもしれない。だが，「幸福な人生」は，そうした幸福感だけで説明しつくせるものなのか。たしかに，happinessという語はしばしば感情の一種と位置づけられ，それは個人的な問題で，私が幸福だと言えば，誰が何と言おうと私は幸福なのであり，他人がとやかく口をはさむ問題ではないと考えたりもする。

　これに対し，ギリシア語のエウダイモニア（eudaimonia）は，語源的にはよき（エウ）ダイモーン（神霊）に守られている状態のことであり，豊かで充実した生を送っていることであり，幸福感というような主観的状態とは異なる。そのため，エウダイモニアの訳としてhappinessという語を使うのを避け，flourishing

（人生の開花）などの訳語が用いられることもある。それは無用な誤解を避けるためには妥当な処置ではあるけれども，「幸福」という言葉で指示されている対象が古代中世と近代現代とではそもそも違っているということで済ませてしまえば，現代の我々にとって古代中世の倫理観から学ぶことは何もないということになってしまいかねない。単に過去の遺物として扱うには惜しい，数多くの学ぶべきことがそこにはある。

人生の意味

　アリストテレスは倫理学を論じるに当たってまず「あらゆる技術，あらゆる研究，同様にあらゆる行為も，選択も，すべてみな何らかの善を目指していると思われる」（アリストテレス 2002: 4）と述べる。人生のなかで我々が関わる活動の多くは，目的として何らかの善いことを達成するのに役立つという点で「善い」とされるが，その目的についてもさらに「何のため」とその上位の目的を問うことができる。しかし，人生そのものについてこの図式を適用したならば，生きていることの価値を見失いかねない。人生そのものに価値を与えるものとして，人がそれ自体ゆえにそれを選び，それを追い求める究極目的の存在が要請される。それがまさに「幸福」とされるのだが，アリストテレスはその内実を人間の自然本性から明らかにする。

　人間も他の動物と同様に生存のために食物を求めるし，衣服など様々な生活手段も必要である。しかし，それは生きるうえで必要不可欠であるかもしれないが，それだけでは人間にとって最も善きものである幸福が実現しているとは言い難い。「善い笛吹き」かどうかは，笛を吹くというその機能に照らして判断されるように，人間の生の善さは，人間に固有な機能に照らして判断される。人間は理性をそなえているという点において他の動物から区別されるのであるから，その理性という固有な機能を最もよく発揮していることが幸福な生だとして，幸福は「人間にとっての善とは徳に基づく魂の活動である」（アリストテレス 2002: 29-30）と結論づける。そして，優れた人間を特徴づける状態（性向）である「徳（アレテー）」が何であるか，具体的に見定めるのが，彼の倫理学における重要な課題となる。

　もちろん，理性は人間の自然本性にかなったものであるが，それは生まれつ

き人間にそなわっているという意味での自然ではない。人間には理性的に判断し選択できるようになる素質が与えられているが，理性を身につけるためには，教育や経験が必要である。主人に依存して生きる奴隷にとっては「幸福も，選択意志によって生きることも，与りしらぬことである」（アリストテレス 2001：138）が，理性に基づく選択意志によって生きる力は，それを支える共同体を前提とする。

何が私の幸福かは私だけでは決められない?

かつては，各自の人生はその生まれた境遇でほぼ決まり，幸福もその枠内でしか考えられなかったが，現代は職業選択が拡がり，人は自分の生き方を自由に決められる（もっとも，近年では経済格差の拡大から，生き方の選択の幅が生まれの違いによって狭められている人が増えていることを，残念ながら認めざるをえない）。幸福であることについて，決まった理想モデルはもはや存在せず，すべては個人の判断に委ねられるというわけである。

個人の価値観が尊重されるべきだというのは，現代社会においては基本原則である。他人に迷惑をかけない限り，個人の自由は保障されなければならない。だから，「自分が善いと思っているのだから，とやかく言わないでくれ」と言い返されるようなこともありうる。だが，個人は孤立して存在しているわけではない。そして，自分の考えや行いすべての責任を自分だけで引き受けられるほど人は強くないのではないか。

「人生の意味」を問う問いとしては，一方では，人はいつか死ぬが，それでも生きることそれ自体に意味があるのか，あるとすればそれは何か，という哲学的な問いもあるが，一般にその問いで期待されているのは，何が人生を意味がある（meaningful），価値がある（valuable）ものとするのか，という問いであろう。どのような場合に，人生は意味があると思われるのか。もちろん，誰の人生であっても，それを意味のない（meaningless）などということは許されないことである。生きていることそれ自体の価値を認めつつも，各人は人生がより意味のある，充実したものであることを願う。

人生はどこまでも「私の」人生であって，その選択は私の問題である。しかし，主観的にその価値を定めてそれで済ますわけにもいかない。「私」の選択

が，何らかの客観性を持った何かによって裏打ちされていることが求められる。「私」は足場のない宙に浮いた存在ではない。人生の選択は最終的には各自の判断に委ねられているとしても，誰も認めてくれなくても，それでも自分の決定に自信を持ち続けられるほど強い人はいない。他人との関係を絶って暮らせる人は「人間として劣悪な者か，それとも人間を超える存在であるかのいずれかである」（アリストテレス 2001：9）。

私の幸福はみんなの幸福?

　アリストテレスは『政治学』第1巻第2章において，ポリス（国家）という存在がどのようなものであるかを説明するために，人間の共同体が順に大きくなっていく過程を描く。まず，「日ごとの必要のために」できあがった共同体である家，そしていくつかの家から村ができ，「いくつかの村から生じ，言うならばあらゆる自足の要件を満たした，終極の共同体」としてポリス（国家）が成立する。それは「人びとが生きるために生じたのであるが，彼らがよく生きるために存在するものである」（アリストテレス 2001：8）。彼は，人間はポリス的（国家的，社会的）動物であるという。その根拠として人間だけが言葉を持つという事実を指摘する。人間以外の動物も音声を通じて快苦の経験を仲間に伝えることができるが，人間は言葉を持つことによって，快苦のような直接経験していることを伝えるだけなく，善と悪，正と不正という，直接的な経験を超えた事象について仲間と共有することができ，その共有が人間を結びつける。ポリスは「家族であれ，同族の者であれ，よく生きることをともにしつつ，完全で自足的な生を目的とする共同体である」（アリストテレス 2001：140）である。ただし，彼が適正規模と考える国家（ポリス）は「一目で見渡すことができる程度に大きい人口」（アリストテレス 2001：356）であって，近代国家と混同しないのが肝要である。今よりも濃厚な人間関係の共同体がそこでは想定されている。

　現代社会にあっては，古代中世と異なって，人々の多様な生き方を幅広く許容することが求められるが，それは各人がお互い干渉せずに好き勝手に生きるということではない。G. W. F. ヘーゲル（Georg Wilhelm Friedrich Hegel, 1770-1831）は「自己意識とは承認されたものとしてしか存在しない」（ヘーゲル 1998：129）という。私が私であることはそれ自体で自明な事実ではある。理屈のうえ

ではその通りではあるが，本当に自分が自分であるという確信は，他者を介して初めて可能になる。お互いを対等な存在と認め合うということは，すべてにおいて同じ考えを持つことではない。自分とは異なる存在であることを認めつつ，それを尊重できるような関係のなかで，人は自分らしさを保つことができる。私が善く生きる，幸福であるということは，他者との関係のなかで成立するものである。

3 │ 善き人への学び
…
「社会的動物」としての人間

　人間が本性的に「社会（ポリス）的動物」であるということは，人は一人だけでは弱い存在で，生きていくためには他人の助けが必要だという事実を述べているだけではない。それは他の群生動物と同様であって，人間の場合には，生存の手段を獲得する以上に，各自が自らを価値ある存在と認められるような活動を実現する場としてポリスが必要とされる。そのような活動は，単なる有用性という点から自ずと価値を認められるのではなく，むしろ様々な人々の関係の網の目のなかでそれが価値あるものとして認められるようになる。ポリスの市民は，ポリスの一員であることで，一定の価値観の共有を求められるが，それは多様性を排除する一枚岩のものではなく，アリストテレスが考えるポリスは，「多種多様な人びとがいるという人間の多数性」（アーレント 1994：286）を重視する共同体であり，多様な成員の協働によって成り立つ。

　古代のポリスは固定した官僚組織を持たない自治組織であり，「善と諸徳についてのその共同体の中での広範な同意を前提」として，「都市生活を創造し維持するという共同事業を皆で分かち合うこと」（マッキンタイア 1993：191）で成立していた。もちろん，これは一つの理想型としての共同体であるし，国家というもののあり方がまったく異なり，複雑化した現代においては実現不可能である。しかし，人が一人の人間として活動する場は社会のなかの人間関係のなかにしかないし，人が関わり合っている様々な共同関係で，たとえば「〇〇大学の学生」などといった社会のなかでの役割に還元されない「私であること」を確認するのもまた社会においてである。それは単に既存の集団に加入するので

はなく，協働活動に参加しそれを一体のものとして作り上げていこうとする意志を前提とする。

　人は社会的動物であるが，他人の助けなしには生きられないという意味で「社会的」であるとともに，自らの善き生を見出しうる場として「社会」の存在が必要だという意味でも「社会的」なのである。この点で「社会的」であるためには，教育を通じて善い性格を身につけることが必要である。

• • •

「善き生」の構想

　道徳に関する問いとしてまず思い描くのは，この行為は道徳的に正しいのか，してはならないことなのか，といったことだろう。規範倫理学では，道徳的に正しい行為は何かを判断できる普遍的原則を定式化しようと試みられてきた。しかし，道徳のことが問題として意識されるのは，そうした一般的原則ではスムーズに処理できない場合である。行為者が置かれた状況は様々であり，そうした個別事情を道徳規則に盛り込むとすれば，例外事項が増えていって，単純だった規則も複雑になり，規則として役立たなくなる。道徳的原則や規則の定式化がそもそも不可能であるとし，そのつどの状況が自分に何を為すよう要求しているかを見て取り，それに応じて行為することができることこそが重要だとするのが徳倫理学と呼ばれる立場である。

　「正しい行為とはどのようなものか」という問いに対して，現代の徳倫理学の代表的論者の一人であるハーストハウスは，「行為は，もし有徳な行為者が当該状況にあるならなすであろう，有徳らしい（つまり，その人柄にふさわしい）行為である時，またその場合に限り正しい」（ハーストハウス 2014: 42）と答える。もちろん，この説明は理想的な行為者を仮想したうえで，その判断に基づいて道徳の問いに答えようとするもので，規則重視の立場からすると，それは客観性を欠き，行動指針には到底なりえないということになるだろう。しかし，その指摘は，規則の定式化の可能性をめぐる議論の出発点の段階でのすれ違いを示すものであり，決定的な批判とはなりえないだろう。

　仮想されている理想的な行為者は，第三者的にあらかじめ定められたモデルではなく，むしろ各人が自分はどのような人であろうとしているのか，という構想を反映したものであり，またそうでなければならない。人が生きるという

のは，様々な行為の積み重ねであるが，それは場当たり的に対応して終わるものではなく，そのなかにその人らしさが現れてくる。「人が何をなすかということのみでなく，それをなす人がいかなる種類の人間であるかということもまた，実に重要なのである」（ミル 1971: 120）。自分はどう行為すべきかと考えることは，それだけにとどまらず，自分はどういう人でありたいのかを考えることでもある。

…

徳と感情

　アリストテレスは，徳を二つに分類している。一つは「性格の徳」であり，もう一つは「知性の徳」である。アリストテレスのいう「徳（アレテー）」は道徳的な事象に限定されるものではなく，一般的に優秀性を指し，後者の「知性の徳」には，学問的知識や技術知といった，我々が倫理学の領域には含めないものも含まれるが，知性の徳のなかでは「思慮（プロネーシス）」が実践に関して重要である。それは，善い人が身につけている，状況を正しく見て取り，その場で為すべきことを適切に判断できる能力である。

　善いことを知っていれば人は必ずそれをするはずである，とするソクラテスの知性主義の立場に立てば，徳とは思慮にほかならないと主張するであろうが，アリストテレスでは「性格の徳」も想定されている。「知性の徳」が理性の卓越性であるのに対して，「性格の徳」は魂の欲望的部分に関係し，理性そのものではないが，「理性に従う」限りにおいて徳とされる（アリストテレス 2002: 52-53）。人間の理想的なあり方を理性に求め，欲望や感情がそれに干渉することを徹底的に排除しようとするストア派のような倫理理論もあるが，アリストテレスは人間の現実のあり方に即して考える。

　人が徳を身につけるのは，単に知的な能力の陶冶というに終わらない。行為の動機には感情が関わることが多い。むしろ人を動かすものは理性ではなく感情である，という主張すらある（ヒュームがその典型である）。①為すべきだと分かっているけれども嫌だからやらない，という場合もあれば，②嫌だけどそれが為すべきことだからする，という場合もある。逆に，③自ら進んで喜んで為すべきことをするというのもあるだろう。①は嫌だという感情が道徳的行為の妨げになっている状況であるが，自分が為すべきことの自覚はある段階で，②

は①よりも成長していて，感情を理性が制御できるという段階である。このように感情を制御する経験が積み重なることによって，嫌だという感情は次第に収まるようになる。徳を身につけようとする人が目指すのは③のような場合であり，この段階になれば，正しい行為をすることが当人にとって自然なことになり，一貫して正しい行為ができる。だから，アリストテレスは道徳教育における習慣づけの重要性を強調する（バーニェト 1986）。

・・・

私はどんな人であろうとしているのか

　アリストテレスは「同じような活動の反復から，人の性格の状態が生まれてくる」（アリストテレス 2002：59）という。このような「習慣づけ」について，ペットの躾のようなものを思い描く人もいるかもしれない。しかし，人が道徳的なものの見方を身につけるのは，条件反射によるものではない。人に求められるのは，闇雲に誰かの指示に従って行動するのではなく，道理（ロゴス）に従って行為することである。それぞれの状況を他人事ではなく，自分が関わる問題として捉え，そのつどその行為の意味を考えることで，人は正しく行為できるようになる。自己反省を通じて人は自らを形成していくのである。ある状況を目の前にして，私の行為は私の善き生の構想にかなうものなのか，と。

参考文献

―

アリストテレス　2002『西洋古典叢書　ニコマコス倫理学』朴一功訳，京都大学学術出版会。

―――　2001『政治学』牛田徳子訳，京都大学学術出版会。

アーレント，ハンナ　1994『人間の条件』志水速雄訳，筑摩書房。

カント，イマヌエル　2012『道徳形而上学の基礎づけ』中山元訳，光文社。

ハーストハウス，ロザリンド　2014『徳倫理学について』土橋茂樹訳，知泉書館。

バーニェト，マイルズ・フレドリック　1986「アリストテレスと善き人への学び」神崎繁訳，井上忠・山本巍編訳『ギリシア哲学の最前線』東京大学出版会，86-132頁。

プラトン　1998『ソクラテスの弁明・クリトン』三嶋輝夫・田中享英訳，講談社。

―――　1994『メノン』藤沢令夫訳，岩波書店。

ヘーゲル，ゲオルグ・ウィルヘルム・フリードリヒ　1998『精神の現象学』長谷川宏訳，

　作品社。

マッキンタイア，アラスデア　1993『美徳なき時代』篠崎榮訳，みすず書房。

ミル，ジョン・スチュアート　2021『功利主義』関口正司訳，岩波書店。

　──　1971『自由論』塩尻公明・木村健康訳，岩波書店。

ギュゲスの指輪
不正で得た「幸福」は幸福か

寺本 剛

　「ギュゲスの指輪」は，プラトンの対話篇『国家』において重要な役割を果たす物語である。羊飼いのギュゲスはひょんなことから黄金の指輪を手に入れ，その指輪をはめて玉受けの部分をひねると自分の姿が誰からも見えなくなることに気づく。この指輪はいわば透明人間になれる指輪であり，それを手にすることでギュゲスは「不正を犯しても罰せられない」という特別な力を得たわけだ。そこでギュゲスはその力をうまく利用して王宮に忍びこみ，リュディア王の妻を寝取ったのち，王の妻と共謀して王を殺害し，自分自身が王に成り上がった。これがそのあらすじである。

　『国家』の登場人物グラウコンは，この物語を使って論争相手のソクラテスに倫理や道徳に関わる一つの見解を突きつける。グラウコンは正しい人（道徳に従って生きている人）と不正な人（道徳に従わずに生きている人）の両方にこの指輪を与えたら，どちらもギュゲスのように不正をはたらくに違いないと言う。みんなが倫理や道徳に従って正しい行為をしようとしているのは，それに背くと罰せられたりして，損をするからにほかならない。指輪の力でそうした拘束から解放されれば，誰もが自分の利益だけを追求し，欲求の赴くままにしたいことをするはずだ。そうした方が幸せになれるからである。

　グラウコンのこの主張は，「なぜ道徳的であるべきなのか（Why Be Moral?）」という問いを呼び起こす。不正をして王になったギュゲスは幸せだったのではないか。一方，指輪を使わないという正義にかなった選択をした人がいたとしたら，その人はギュゲスほど幸せではなかったのではないか。不正をはたらいても罰を受けないなら，倫理や道徳に律儀に従わなければならない理由などないのではないか。

　こうした疑問に対してソクラテスは「魂の調和」に訴えて倫理や道徳を擁護し，正義にかなった生き方をすべきだと主張する。ソクラテスによれば，人間

の魂は「理性」「気概」「欲求」の三つの部分から成っている。そして，これら
が調和した状態が「正義」であり，それこそが人間が目指すべき善き生，人間
の幸福だとされる。ギュゲスは，指輪の力を使って不正をはたらいた時点で欲
求がコントロールできなくなり，魂のバランスを失ってしまった。グラウコン
は不正で得たその人生を幸福だというが，じつはそれは幸福な人生ではなく，
生きるに値しない人生だということになる。

　ソクラテスのこの応答に納得できない人もいるかもしれない。魂の調和した
状態が幸福だというのはソクラテスの個人的見解に過ぎず，実質的に人々の行
動を変える説得力を持つようには思えないからだ。「魂の調和が乱れるから不正
はやめるべきだ」とギュゲスを諭したとしても，ギュゲスは納得せず，同じこ
とをしたのではないか。でも，少し考えてみてもらいたい。私たちは欲求のま
まにしたいことをするのが幸福だと思い込んでいて，「人間の幸福とは何か」と
いうことを真剣に考えていないのではないか。私たちは幸福になりたいと思っ
ているが，目指している幸福の本質が何なのかについては意外なほど無頓着で
ある。これで本当に幸福になれるだろうか。ソクラテスの応答に納得できるか
どうかはとりあえずおくとしても，それは幸福の本質を改めて（あるいは，はじ
めて）真摯に考えるきっかけを与えるものだと言えるかもしれない。

参考文献
—

　プラトン　1979『国家　上』藤沢令夫訳，岩波書店。

Active Learning | アクティブラーニング 8

Q.1

ギュゲスの指輪を手にしたらどうするか

あなたがギュゲスの指輪を手に入れたら，使うか使わないか。使うとしたら何に使うか。使わないとしたらなぜなのか。考えてみよう。また，使ったら幸福になれるかどうか，自分と反対の意見も考慮しならが，検討してみよう。

Q.2

どんなときに幸福を感じるか

あなたはどんなときに幸福を感じるだろうか。なぜそれが幸福だと考えるのか。自分の体験や感覚をもとに，自分が幸福ということでどのようなことを考えているのか分析し，他の人とも意見交換してみよう。

Q.3

幸福は人それぞれだろうか

何を幸福とするかは人それぞれで，人が選ぶ幸福に文句をつけるべきではないだろうか。たとえば，衣食住医を保障され，酷使されない奴隷なら，その方が気楽で幸福だと言う人がいたら，それは間違いだろうか。議論してみよう。

Q.4

映画『トゥルーマン・ショウ』を見て，幸福について考えてみよう

一市民として平凡に暮らすトゥルーマンの人生は隠し撮りされ，テレビ番組として放映されていた。トゥルーマンが何も知らず，その人生に満足していたとしたら，それは本当に幸せだろうか。議論してみよう。

第9章

自由
何のためにあるのか

米原　優

　本章の主題は自由である。この自由は大変重要なものであり，人権としてすべての人に保障されなければならないものと考えられている。そこで，まず『世界人権宣言』を参照し，そのなかで，様々な行動の自由が人権と見なされていることを確認する。そのうえで『自由論』の著者ジョン・スチュアート・ミルの主張に基づき，この行動の自由が「強制がない」という状態を意味していることを明らかにする。さらに，そうした自由が我々にとって欠かすことのできないものであるといえる理由も，ミルの主張を参照しつつ論じる。そして，それを論じるなかで明らかとなるように，こうした自由は我々が自分の設計した通りに人生を送るうえでなくてはならないものである。しかし，だからといって，我々は何をしてもよいというわけではない。そうではなく，ミルも主張するように，他人に危害を加える自由は存在しないというべきである。そこで，最後に，この危害が意味するものと，他者への危害が許されない理由を明らかにする。さらに，そのうえで，こうした危害を被らないということも，行動の自由と同様，我々が自分の設計通り生きるために欠かせないものであることを論じる。

KEYWORDS　#自由　#ジョン・スチュアート・ミル　#人権　#危害　#人生の設計

1 ｜自由とは何か

・

人権として保障される自由

　本章の主題は自由であるが，それはとても大事なものと考えられている。どのくらい大事かといえば，人権そのものと考えられるくらい大事なものである。実際，『世界人権宣言』では，その第13条で「各国の国境内において，自由に移転しかつ居住を選択する権利」（いわゆる「居住，移転の自由」），第18条で「思想，良心および宗教の自由を享有する権利」（「思想および良心の自由」「信教の自由」），第19条で「意見および発表の自由を享有する権利」（「表現の自由」），第20条で「平和的な集会および結社の自由を享有する権利」（「集会，結社の自由」），第23条で「労働し，職業を自由に選択する権利」（「職業選択の自由」），第27条で「自由に，社会の文化的生活に参加し，芸術を楽しみ，かつ科学の進歩とそれの恩恵にあずかる権利」が人権といわれている（国際連合 1957：404-408）。すなわち『世界人権宣言』では，意見を表明する，職業を選択するなどの，様々な行動をする自由が人権と見なされている。さらに，こうした『世界人権宣言』は「すべての人民とすべての国が達成すべき共通の基準として」国際連合が提示するものである（国際連合 1957：402）。つまり，行動の自由は，あらゆる国のすべての人々に，保障されなければならない人権と考えられている。なぜだろうか。

　それは，こうした自由が我々にとって欠かすことのできないものだからである。そして，このように自由が不可欠といえる理由の解明に取り組んだ論者が，『自由論』の著者ジョン・スチュアート・ミル（John Stuart Mill, 1806-1873）である。たしかに，ミルは『世界人権宣言』が作られるよりも，はるか前の人物である。しかし，人権という言葉こそ使っていないものの，行動の自由をすべての人に保障すべきものと考えていた点で，彼の理念は『世界人権宣言』の起草者たちのそれと同じといってよい。そして，こうしたミルの理念がよく現れている著作が『女性の解放』（原題は『女性の隷従（*The Subjection of Women*）』）である。そのなかで彼は，職業選択の自由もなく，結婚すれば夫への服従を強いられる当時の女性たちに，自由を保障すべきであると論じた（ミル 1957）。そして，こうしたミルの思想には，人権として保障される自由とは何か，さらには，

そうした自由をすべての人に保障しなければならないのはなぜかという問題を
考えるうえで，今なお参照すべきものが含まれている。

・

ミルの自由原理

　まずはミルが『自由論』で提示した「原理」に注目することで，彼がいう自
由とは何かを明らかにする。本書のなかでミルはこう述べている。

　　　本書の目的は，きわめてシンプルな原理を明示することにある。社会が個人に
　　干渉する場合，その手段が法律による刑罰という物理的な力であれ，世論という
　　心理的な圧迫であれ，とにかく強制と統制のかたちでかかわるときに，そのかか
　　わり方の当否を絶対的に左右するひとつの原理があることを示したい。
　　　その原理とは，人間が個人としてであれ集団としてであれ，ほかの人間の行動
　　の自由に干渉するのが正当化されるのは，自衛のためである場合に限られるとい
　　うことである。文明社会では，相手の意に反する力の行使が正当化されるのは，
　　ほかのひとびとに危害が及ぶのを防ぐためである場合に限られる。

（ミル 2012：29-30）

　ここでミルは「きわめてシンプルな原理」の提示が『自由論』の目的である
といっているが，この原理は個人に対する強制の当否を決めるものである。そ
して，この原理に従えば，強制が正当化されるのは，他の人々に危害が及ぶの
を防ぐためにそれが行われる場合のみであり，別の目的のために強制が行われ
れば，そうした強制は正当化できないものとなる。また，ここでは強制が他の
人間の行動の自由への干渉とも呼ばれている。つまり，そのような強制は人間
の行動の自由を妨げるものである。さらに，この点から，ここでいわれる行動
の自由とは「強制がない」という状態を意味するということもできる。

・

自由とその反対物としての強制

　では，行動の自由の反対物ともいうべき強制とは何か。まず，強制の手段と
して，ミルが刑罰を挙げているということからも分かるように，この場合の強
制とは「従わなければ刑罰を科す」という一種の脅しを使って，人に何かをさ

せる，ないしは，させないということである。さらに，「世論」も強制の手段と
いっているが，これは一般の人々による「悪人」「不道徳」のような非難を意味
する。そして，こうした非難も刑罰同様，処罰の一種と見なされる。つまり，
ここでいう強制とは，「従わなければ処罰を科す」という脅しを使って，人に何
かをさせたり，逆にさせなかったりするということである。それに対し，行動
の自由とは「何かをするよう強制されてはいないし，さらに，何かをしないよ
う強制されてもいないという状態」を意味する。

　自由に関するこの考え方に基づけば，たとえば，職業選択の自由は「ある職
に就くよう強制されてはいないし，逆に，何らかの職に就かないよう強制され
てもいない」という状態を意味する。それに対し，もし，ある社会で女性が医
者になると処罰されるのなら，その社会で女性は医者にならないよう強制され
ており，職業選択の自由を享受できているとはいえなくなる。また，別の社会
では，軍人にならない男性が処罰を受けるのなら，その社会で男性は軍人にな
るよう強制されており，ここでは男性が職業選択の自由を享受できていない。

　他の自由も職業選択の自由と同様である。すなわち，ある思想を持った人が
処罰される，特定の宗教を信じない人が処罰される，政党を作った人が処罰さ
れる，国を賞賛するような発言を拒否した人が処罰される，決められた場所以
外に住んだ人が処罰される，というようなことがあれば，そこには強制がある
し，思想および良心の自由，信教の自由，集会，結社の自由，表現の自由，居
住，移転の自由を享受できていない人がいるということである。

・

積極的自由と消極的自由

　これらの自由は日本ではおおよそすべての人に保障されているといってよい。
しかし，職業選択の自由に関しては，まったく保障されていないのではないか
と考える人もいるだろう。というのも，プロスポーツ選手になりたいのになれ
ない，ゲーム会社に就職したいのにできないといったように，自分の就きたい
職に就けない人は数多くいるからである。たしかに，今の日本でプロスポーツ
選手になったせいで罰せられる人はいないし，ゲーム会社に就職しなかったら
処罰されるわけでもない。でも，就きたい職に就けない人が多くいる状況で，
職業選択の自由があるとはいえないのではないか。

　こう考える人はミルとは違う自由の「構想（conception）」を持っているといえる。少し専門的になるが，自由の「構想」と「概念（concept）」の違いや，そうした自由の概念の一種である「積極的自由」と「消極的自由」にも言及しつつ，これがどういうことか説明する。

　まず，自由の概念も構想も自由に関する考え方であり，「自由とは〜である」というように表現できる。しかし，このうちの概念は相当に曖昧なものであり，それだけで自由の十分な説明にはならない。一方，自由の構想は「自由とは何か」を十分に説明したものである。そして，自由の概念の一つが「積極的自由」であり，それは「自由とは何かがあるという状態である」という考え方を意味する。一方，「消極的自由」とは「自由とは何かがないという状態である」という考え方を指す。どちらも，この「何か」が分からないと，自由の十分な説明にはならないが，その「何か」を明らかにすれば，それは自由の構想となる。そして，「自由とは強制がないという状態である」というミルの考え方は，消極的自由という概念に則った構想の一つといえるだろう。

　一方，日本で職業選択の自由はないと考える人は，「自由とはしたいことをする能力があるという状態である」という別の自由の構想を持っているように思われる。つまり，「したいことができる」ということが，その人のいう自由である。そして，これは積極的自由に則った構想といえる。さらに，この構想に基づけば，職業選択の自由は「就きたい職に就けるという状態」であるし，自分の就きたい職に就けない人は，この自由を享受できていないともいえる。

　私たちが職業選択の自由という言葉を，そうした意味で使っているという可能性はある。しかし，そのような自由を人権と見なすことはできないように思われる。というのも，こうした自由は全世界の人々が享受できるわけではないと言わざるをえないからである。たとえば，プロスポーツ選手は本当に数限られた人しかなれないものだし，なりたい人が皆それになれる社会を作るのは無理と考えられる。また，企業にしても，すべての企業が入社希望者全員を採用できるわけではない。というのも，そういうことをしたら経営が成り立たない企業も多いと思われるからである。

　もっとも，こういったからといって，「自由とはしたいことをする能力があるという状態である」という構想を持ち，職業選択の自由を「就きたい職に就け

るという状態」であると考えるのが，まったく間違いというわけではない。た
とえば，人が自分の力で到達すべき理念として自由という言葉を使うのなら，
自由をそのように考えるのはまったく問題ない。そして，なりたかったプロス
ポーツ選手になれた人は，こうした意味での自由を享受できている人というこ
とになる。でも，人権として保障される自由が何かという問題で，この構想を
採用するのは，それがすべての人に保障できるものではない以上，不適切とい
うべきだろう。

2 ｜ 自由の必要性

行動の自由と人生の設計の選択

　では，「強制がない」という意味での行動の自由をすべての人に保障しなけれ
ばならないのはなぜか。それはそうした自由をすべての人が必要としているか
らである。そして，ミルがそうした行動の自由の必要性について論じるのは，
『自由論』の主に第3章においてである。

　そこで彼が言及するのは，「人生の設計を自分で選ぶということ」の意義であ
る。そして，この場合の人生の設計を自分で選ぶということとして，まず思い
つくのは，自分の将来の職を選ぶということである。たとえば，数ある候補の
なかから，医者を将来の職に選ぶということが，それに該当するだろう。さら
に，そうやって将来の志望を決めたうえで，どうやってそれを実現するのか選
択するということも，人生の設計を自分で選ぶということのなかに含まれる。
たとえば，医者になるのなら，どの大学の医学部に行くのか選択するというこ
とが，そうした選択の一例だろう。また，どの宗教の信者になるか，それとも，
無宗教者になるか，という選択も，人生の設計を選ぶということの一つと考え
られる。

　それに加え，こうした大きな選択だけでなく，我々が日々行う小さな選択も，
人生の設計を自分で選ぶということのなかに含まれる。たとえば，明日の休日
どこに行くのか選択したり，いま受けている授業後に夕食をどこで食べるか選
んだりするというのも，そうした選択の一つである。さらに，明日どこに行く
のか決めたうえで，どうやってそこに行くのか選択したり，どこで夕食を食べ

るのか決めたうえで，行った先のメニューを見て食べたいものを選択したりするということも，そうだろう。こう考えると，人生の設計を自分で選ぶということは，我々人間が日常的に何らかの形で行っていることであるといえる。

　しかし，行動の自由の必要性について論じられるなかで，このような選択への言及があるのはなぜか。それは，行動の自由が自分の選択通りに生きるうえで，なくてはならないものだからだろう。たとえば，職業選択の自由がなく，男性は軍人になるよりほかない社会において，自分の将来の職として医師を選んだとしても，それになることはできない。また，信教の自由がなく，ある特定の宗教以外の信仰は認められていない場合も，その他の宗教の信仰を選んだところで，それを実践することはできない。さらに，移転の自由がなく，特定の場所以外に住むことができないのであれば，どこか自分の居住地から遠いところの医学部に行こうと決めたところで，そこで学ぶことはできない。加えて，家や学校から出る自由がないとなれば，そもそも休日に外出するとか，授業後に外食するなんてできない。その場合，どこに行くか，どこで食べるかという選択は，したところで実行できない無意味なものとなるだろう。

　すなわち，行動の自由がないと，仮に人が人生の設計を自分で選んだとしても，それは実行できない無意味な選択になる。そして，そうした自由をすべての人に保障するのは，皆が自分の人生の設計を自分で選び，さらには，その選択通りに生きられる社会を作るためだといえるだろう。

・・

人生の設計を自分で選ぶということの意義

　たしかに，我々は日々，様々な形で人生の設計を自分で選んでいるし，選択した通りに生きたいと願ってもいる。しかし，皆がそう生きられるとして，それでいいことが何もないのなら，行動の自由をすべての人に保障する意味は何なのかという話になる。そして，ミルが『自由論』第3章で論じるのは，そうした「いいこと」，すなわち，人生の設計を自分で選ぶということの意義である。こういった意義について，彼は次のように論じている。

　　しかし，〔人生の設計を〕自分自身で選ぶのであれば，自分に備わる能力をすべて用いなければならない。すなわち，ものごとを眺める観察力，ものごとを予測

140

する推理力と判断力，ものごとを決めるために必要な材料を集める行動力，ものごとを決める分別力，そして，決めた後には，熟考の成果であるその決定を守り抜く堅固な精神力と自制力を用いなければならない。

（ミル 2012：143，〔 〕は筆者補足）

　つまり，人生の設計を自分で選ぶ際に，人は様々な能力を行使しているということである。たしかに，自分の将来の職を選ぼうとする際，多くの人はその職がどのようなものであり，さらには，どうやったらなれるのかについて，様々なやり方で情報を収集する。ここで行動力が行使されるといえるし，人の話を聞いたり，文献によって情報を収集したりするならば，観察力も使われる。また，推理力を使って，自分がその職に就いたらどうなるか考えもする。さらに，一度ある職に就くことを志望したら，その職に就くまで，精神力も要するだろう（つらい学習や練習に耐えなければならないかもしれない）。

　また，日々行う小さい選択ですら，我々はそこで様々な能力を使っている。たとえば，明日どこに行こうか考えるのであれば，初めて行くところなら，事前にインターネットなどでどんなところか調べる人は多い。そうした調査で観察力は確かに使われる。また，行ってどんな体験ができるか，想像する人も多いだろう。そこでは，想像力が使われている。食事だって，メニューを見て何を食べるか考えるのであれば，観察力が使われるのは間違いないし，なじみの店でメニューを見る前に何を食べるか決めてしまうような場合でも，過去その店で食べたとき何がおいしかったか思い出すぐらいはしているはずである。ここでも記憶力という人間の能力が立派に使われている。

　ミルによれば「人間の諸能力は，選択を行うことによってのみ鍛えられる」（ミル 2012：142）。だとすると，人生の設計を自分で選ぶということは，そうした諸能力を行使し，それをより向上させる絶好の機会といえる。そして，こうした人間の諸能力の向上が実現できるという点に，人生の設計を自分で選ぶということの意義はある。しかし，もし，行動の自由がなく，自分の人生の設計を自分で選んだとしても，その通り生きられる見込みがないとなれば，人はそうした選択をやめてしまうかもしれない。そうなれば，人が自分の諸能力を行使し，それを向上させることもなくなってしまうだろう。

・・
言論の自由と真理

　さらに、『自由論』第2章でのミルの主張に従えば、行動の自由の一つである「言論の自由」（『世界人権宣言』での「表現の自由」）は我々が真理を得るために必要ともいえる。というのも、言論の自由を皆に保障せず、誰かの意見表明を不可能にしてしまえば、仮にその人が真理を言っていたとしても、我々はそれを聴けなくなるからである。さらに、それによって自分たちの誤りを修正することもできない。つまり、言論の自由がないと「ひとびとは間違いを改めるチャンス」を奪われてしまう（ミル 2012：46）。

　そして、こうした真理は我々が人生の設計を自分で選んだり、さらには、選んだ通りに生きたりするうえでなくてはならないものである。たとえば、自分の職を選ぼうと思ったら、様々な職の実態やなり方に関する正しい情報を我々は求める。また、どこかに遊びや食事に行く際にも、行ってがっかりしたくないのなら、その場所に関する真理を我々は事前に収集するだろう。

　さらに、健康に生きるための医療や自動車などの交通手段は、おそらくどのような生き方をするうえでも、なくてはならないものである。そして、それを私たちが享受できるのも、病気の治療方法や自動車の内燃機関などに関する真理を探究し、そうした真理に基づいて治療を行ったり、自動車を製造・販売したりする人たちのおかげである。こうした点で、真理というのは、人生の設計に関して、我々がどんな選択をしたとしても、おそらくは必要なものである。

　もちろん、言論の自由があれば、間違いを広める人もいる（それは意図的かもしれないし、そうではないかもしれない）。なので、言論の自由だけで、我々は真理を手にすることはできないし、逆に間違った考えを持ってしまうかもしれない。それを防ぐには、言論の自由とは別に、誤った意見が広まるのを止める手段が必要になるだろう。たとえば、学術誌の査読制度はそうした手段の一つである。もちろん、意見は学術誌以外のところでも表明されるものだから、他の媒体では誤謬の流布を防ぐために、別の手段が必要となる。

　もっとも、そうした手段として何が適切なのかということに関する真理も、言論の自由がないところでは到達できないものである。つまり、人々が自分の意見を表明し、さらには、互いの意見のどこが間違っているのかも自由に表明

し合うということによってのみ得られるものである。真理は言論の自由だけで手に入るものではないが，この言論の自由とは別の「何か」を，言論の自由がないところで見つけ出すなんてことは，我々のできることではないだろう。

3 | 自由の限界

...

危害とは何か

ミルは行動の自由を我々にとって欠かすことのできないものと論じている。しかし，だからといって，その反対物である強制を一切認めていないというわけではない。そうではなく，「ほかのひとびとに危害が及ぶのを防ぐため」の強制は正当化される可能性があると論じている（ミル 2012: 30）。では，この危害（harm）とは何か。ミルは『自由論』でそれが何かをはっきりと述べていないので，ここでは危害が何かを分かりやすく説明しているデイヴィッド・ミラーの考えを紹介する。

ミラーによれば，危害とは「人間らしい生活」を送れないということである（ミラー 2011: 217。なお，同訳書で「危害（harm）」は「害悪」と訳されている）。逆に，人が人間らしい生活を送れるとは，「労働，遊戯，学習，家族の扶養」といった「核となる活動」に従事できているということを意味する。また，この核となる活動は，様々な文化のなかで人々が同じように繰り返し行っている活動を指す（ミラー 2011: 220）。そして，こうした活動が「核となる」と形容されているのは，それがどのような生き方をするうえでも必要な活動だからであろう。だからこそ，生活様式の異なる様々な文化間でも，同様に繰り返し行われているといえる。

そのうえで，人がこうした核となる活動に従事し，人間らしい生活を送るために充たされなければならない条件を，ミラーは「基本的ニーズ」と呼んでいる。そして，彼によれば，「食物や水，衣服や安全な場所，身体的安全，医療，教育，労働と余暇，移動や良心や表現の自由など」が，こうした基本的ニーズと呼べるものである（ミラー 2011: 221）。また，この点をふまえれば，危害とはこうした基本的ニーズが充たされないという状況であるともいえる。

そして，ミルがいう「ほかのひとびとに危害が及ぶ」というのも，誰かが人

間らしい生活を送れなくなるということを意味していると考えられる。さらに，それを防ぐための強制は認められる可能性があると彼が論じるとき，念頭に置いているのは，誰かの基本的ニーズの充足を妨げる人の存在だろう。言い換えて，危害という言葉を使うならば，それは他者に危害を加える人である。たしかに，我々はその気になれば他人の食料を奪ったり，放火して誰かの住居を破壊したりできるし，実際にそうする人もいる。しかし，そんな人を放置すれば，人間らしい生活を送れない人が出てくる。そして，こうした人の発生はミルにとっても防ぐべき事態だろう。というのも，そういう人はどのような生き方をするうえでも必要な核となる活動が行えない以上，人生の設計を自分で選んだとしても，それに従って生きることはできなくなってしまうからである。つまり，危害が放置されれば，行動の自由が保障されない場合と同様，自分の設計通り生きられない人が発生する。そして，ミルが認める強制とは，他者に危害を加える人を処罰することで，こうした人の発生を防ぐためのものといえるだろう。

・・・

加害行為の実例

　実際，他者に危害を加えるという加害行為の多くは刑罰の対象となっているし，他者に危害が及ぶのを防ぐための強制は我々の社会にすでに存在する。そして，そうした加害行為の典型例が，殺人や傷害，暴行といえる。というのも，これらはどれも身体的安全という基本的ニーズの充足を妨げるものだからである。また，そうした諸行為は自分が選んだ通りの設計で人が生きるのを不可能にもする。たとえば，殺されてしまえば，当然どんな生き方もできないし，傷害も重度であれば，自分が設計した通りに生きるのは長期間不可能となる。また，軽度の傷害や，傷害のない暴行であっても，多くの人によって何回も行われるならば，それはどんな生き方をするうえでも障害となる。たとえば，職場の人が四六時中あなたを小突いてくるなんてことがあったら，労働は不可能だろう。そして，そうしたことが起こらないよう，身体的安全という基本的ニーズの充足を妨げる行為は，どんなに軽微であっても，刑罰の対象にして，人がそれを行わないようにすべきだし，実際そうなっている。

　また，窃盗や強盗，詐欺など，刑法で財産に対する罪といわれるものも，こ

うした加害行為といえる。というのも，それが放置されれば，食料や安全な生活場所など，基本的ニーズを得るために必要な金銭を人が所持することも不可能になるからである。さらに，名誉毀損や侮辱も加害行為といえる。というのも，たとえば，根拠もないのに「犯罪者」呼ばわりされるなんてことが放置されれば，そうした汚名を着せられた人は仕事もできなくなるだろうし，住居を借りるのを大家に断られるなんて目にも遭ってしまうからである。そのように，汚名のせいで基本的ニーズを充たせず，核となる活動もできないとなれば，その人がどう人生を設計しても，その通りに生きるのは著しく困難になるだろう。

・・・

新たな加害行為を見つけ出すということ

　殺人，傷害，暴行，財産に対する攻撃，名誉毀損，侮辱といった加害行為はすでに刑罰の対象であるが，それ以外にも，他人の基本的ニーズの充足を妨げる行為は存在しうるし，そのなかには，今の日本では刑罰の対象とはなっていないものもある。たとえばヘイトスピーチはそうした加害行為の一つといえる。なお，ここでいうヘイトスピーチとは，「黒人お断り」という掲示を店頭に貼るとか，「ムスリムはテロリストである」という主張を流布するといった行動である（ウォルドロン 2015：67-70）。

　そうしたヘイトスピーチは「集団に対する名誉毀損」ともいうべきものであり（ウォルドロン 2015：47-50），黒人やムスリムといった集団の成員全員に「犯罪者」や「危険人物」といった汚名を着せるものである。そして，そのような汚名を人に着せる行為であるならば，ヘイトスピーチは名誉毀損や侮辱と同様，被害者の基本的ニーズの充足を妨げる加害行為であるともいえる。

　実際のところ，カナダなど複数の国々でヘイトスピーチは刑罰の対象となっている（ウォルドロン 2015：10-11）。そして，こうした傾向は，ヘイトスピーチが名誉毀損や侮辱と同等の加害行為と考えられるようになっているということを示すものだろう。一方，日本ではヘイトスピーチが名誉毀損や侮辱とは別物と考えられ，刑罰の対象にはなっていない。そして，別物と考えられるのはなぜかといえば，ヘイトスピーチが集団を攻撃対象とするのに対し，名誉毀損や侮辱は個人や法人を攻撃対象とするものだからである（島田 2007：117）。

　そうした考えに対し，同じ加害行為だから，日本でもヘイトスピーチを刑罰

の対象にすべきだと思われるかもしれない。しかし，加害行為であるからといって，即，刑罰の対象と考えるのは性急ともいえる。というのも，刑罰以外によりよい規制方法があるかもしれないからである。いずれにしても，ある行為が本当に加害行為であるなら，その犯罪化の検討を真剣に行わないといけないのは確かである。そしてヘイトスピーチはそういう検討を要する行為である。

　このヘイトスピーチという事例は，今まで加害行為と考えられなかった行為が，そう考えられるようになってきているということの一例である。そして，このように新たな加害行為を見つけ出し，何らかの仕方で規制するということも，皆が自分の設計通りに人生を生きられるようにするために，行動の自由の保障と並んで必要なことである。というのも，それにより，これまで基本的ニーズの充足を妨げられ，自分の設計通りに生きられなかった人が救済されるからである。もちろん，ある行為が加害行為と分かったうえに，処罰以外に有効な規制手段もなく，その対象となるのなら，我々の行動の自由の範囲はいくらか狭まる。しかし，行動の自由の保障の目的は，そもそも皆が自分の設計通りに生きられる社会の実現である。そして，ある行為の犯罪化がそう生きられなかった人を救済し，こうした社会の実現に貢献するのなら，それに伴う自由の制約は，当の自由の保障を正当化する理由に基づいても，妥当というべきだろう。

参考文献

—

ウォルドロン，ジェレミー　2015『ヘイト・スピーチという危害』谷澤正嗣・川岸令和訳，みすず書房。

国際連合　1957「世界人権宣言」高木八尺・末延三次・宮沢俊義編『人権宣言集』岩波書店，398-408頁。

島田聡一郎　2007「秘密・名誉に対する罪」伊藤渉他『アクチュアル刑法各論』弘文堂，110-133頁。

ミラー，デイヴィッド　2011『国際正義とは何か——グローバル化とネーションとしての責任』富沢克他訳，風行社。

ミル，ジョン・スチュアート　2012『自由論』斎藤悦則訳，光文社。

——　1957『女性の解放』大内兵衛・大内節子訳，岩波書店。

Case Study | ケーススタディ 9

公衆衛生の倫理
個人の自由の制限はどれくらい道徳的に正当化されるか

神崎宣次

　ミルのようなタイプの自由に関する議論では，個人の自由にはいわゆる愚行権も含まれるとされる。他人からどんなに愚かに見える選択であったとしても，成熟した判断能力を持つ大人が自分で下した判断であるならば，（他者に危害を与えない限り）それをしないよう強制することは正当化されない。他人ができるのはせいぜい，そんなつまらないことはしない方がよいとか，もっと賢明な方法があるとか言って，忠告や説得を試みるぐらいのことだけである。

　とはいえ，個人の自由に対する制限が社会的に受容されている場合もある。たとえば，少なくとも日本においては，我々には車に乗る際にシートベルトをしないことは許されていない。事故に遭った場合に自身の生命に対する危険が増大するというリスクを自己責任として引き受けるから認めてほしいと主張しても（また他者危害も少なくとも直接的には関係ないにもかかわらず），認められない。このような個人の自由に対する制限は，パターナリズムと呼ばれる。

　個人の自由に対する制限の重要な例として，コロナ禍における隔離，個人の移動の制限を思い浮かべる読者もいるだろう。またマスクの着用について，社会の同調圧力による個人に対する過度の干渉と考える人もいるかもしれない。この点で，ミルが個人の自由を制限しようとする可能性があるのは政府だけでなく，集団としての社会が個人を抑圧することもあると述べているのは重要である。

　実際，マスクの着用などに対する拒否感がかなり強く表明されることがある。たとえば飛行機の乗客がマスク着用を拒否するような場合がそれに該当する。拒否を示した人々は自分の自由が過度に侵害されるため，そのような制限には正当性がないと主張しようとしたのかもしれない。だとすると，大規模な感染症は個人の自由を制限する正当な理由といえるかが問われることになる。

　児玉聡（2022：第2章）は，感染症の予防や健康増進といった公衆衛生上の目

的に基づく自由の制限を正当化する可能性のある根拠として，他者危害原則とパターナリズムに加えて，社会全体の利益の考慮の三つを挙げて検討したうえで，それだけでは考慮が不十分ではないかと論じている。たとえば，他者への「危害」は単にその可能性があるかもしれないという程度では自由に対する過度の制限となってしまうので，危険性が明確なものでなければならない。とするとCOVID-19の場合，感染者の隔離は正当化される可能性があるが，非感染者も含む社会全体に対する外出自粛要請や自粛ムードは正当化できないように思われる。

　ではCOVID-19の流行下で個人の自由に対する制限が正当化されるとすれば，どのような条件で，どのような制限になるだろうか。

参考文献
—
児玉聡　2022『COVID-19の倫理学——パンデミック以後の公衆衛生』ナカニシヤ出版。

Active Learning | アクティブラーニング 9

Q.1

世界人権宣言を確認してみよう

本章で説明されたように，世界人権宣言ではすべての人に保証すべき権利と自由が述べられている。このような権利と自由にどのようなものが含まれているかを確認するために，世界人権宣言に目を通してみよう。

Q.2

自由と幸福

第1章で説明されたようにミルは功利主義者でもある。そして功利主義は幸福に焦点を置いた倫理学理論であった。ではミルは幸福と自由の関係についてどのように考えていたのだろうか。ミルの著作で確認してみよう。

Q.3

自由と正義

正義論を主題とする第4章でも自由について論じられている。そこでのロールズの「市民のニーズとしての基本材」，センの「ケイパビリティ」，ヌスバウムの「人間の中心的ケイパビリティ」，それぞれの説明を確認しよう。

Q.4

パターナリズム

ケーススタディ内で言及されたパターナリズムについて，それがどのような考え方であるのか，定義や社会での実例を調べてみよう。

第10章

自律と尊厳
自由でないという自由

———

辻麻衣子

　本章では，倫理学の諸分野において現在しばしば登場する「自律」と「尊厳」について，これらの概念の提唱者であった18世紀ドイツの哲学者，イマヌエル・カント（Immanuel Kant, 1724-1804）の倫理学（実践哲学）を概観しながら解説する。自律はカント倫理学の最も根本的な原理であり，「人間性の尊厳」もこの自律によって支えられているので，カント倫理学の大まかな姿をつかむことで，これらの概念についての理解もより深いものになるだろう。以下では，カントが『実践理性批判』（1788年）に先駆けて自身の倫理学の骨子をまとめた『道徳形而上学の基礎づけ』（1785年，『道徳形而上学原論』『人倫の形而上学の基礎づけ』などとも訳される）の流れに沿って説明する。カント倫理学は，第1章にもあったように，徳倫理学，功利主義と並んで倫理学の基本的な立場とされる義務論の代表的な例であるが，その構造はきわめて複雑で，かつ時として私たちの日常的な感覚にそぐわないかもしれない。だが同時に，道徳的に善く振る舞うとはいかなることかという問いの本質に肉薄するものとして，私たちに新鮮な視点を与えてもくれる。最後に，義務論の代名詞ともなったカント倫理学およびカントの「尊厳」概念が現代においてどのように論じられているかについて簡単に紹介する。

KEYWORDS　#自律　#他律　#人格　#尊厳　#義務　#定言命法　#格率　#道徳法則　#カント

1 | 義務論的基盤

・

実践理性に基づく善意志

　人間が物事を正しく認識し，判断する能力は「理性（Vernunft）」と呼ばれる。理性は，たとえば感情や本能といった，人間が持つ別の側面と対照をなすものである。カントは，それが対象とする領域に即して理性を二つに区分した。まず，科学的な真理の認識に関わるのが「理論理性」，そして善の認識や道徳的な行為に関わるのが「実践理性」である。人間には実践理性に基づいて行為する能力がそなわっているが，カントはこの能力を「意志（Wille）」と呼んで，なかでもとりわけ「善い意志」という概念から出発する。

　　　この世界の中で，いやおよそこの世界の外でも，制限なしに善いと評価され得る
　　　ものは，ひとりなんらかの善い意志をおいてほかにまったく考えられない。

　　　　　　　　　　　　　　　　　　　　　　　　　　　　　（カント 2022: 23）

　意志以外のもの，たとえば知性や健康，富や権力といったものも確かにそれぞれ善いものではあるが，もしそれらを使う際の意志が悪いものであったならば，悪いもの，有害なものになってしまうだろう。つまり，使い方次第で善いものにもなりうるし悪いものにもなりうるのだ。他方で善い意志というのは，それ自体ですでに善いものであって，悪くなりようがないし，悪く使いようもない。そして，私たち人間はこの善い意志を生まれながらに持っているのだとカントは述べる。

・

適法性と道徳性

　さて，道徳的に善い行為の満たすべき条件として，カントは「義務に基づいていること」を挙げる。たとえば道端で困っている人を助けることは，確かに道徳的に善い行為であるように思われるが，それだけではまだ断言ができない。「道行く人から立派だと思われたい」「あわよくばお礼がもらえるかもしれない」というように利己的な動機からなされた行為を，カントは「義務にかなった」

行為ではあるが「義務に基づいた」行為ではない，として退ける。私たちの目に見える限りでは道徳的に善いと見なされうるような行為であっても，もしその行為の動機が利己心や自愛など義務以外のものにあった場合，その行為は道徳的価値を持たないのである。カントは両者をそれぞれ「適法性（Legalität）」と「道徳性（Moralität）」と呼んで区別した。ある行為が道徳的に善いか否かは，その結果によって判定されるのではなく，道徳的に善いことをしようという行為者の純粋な善意志からその行為がなされたか否かに依存する。趣味としてボランティア活動を行っている人は，その人の活動によってどれだけ多くの人が救われたとしても，それを趣味として，つまり好きこのんで行っている限り，単に「自分が楽しいからやりたい」という欲求を根拠にしているため，道徳的に善いことをしているとはいわれない。行為の善悪が現実における外的要素としての結果ではなく，行為者の内的動機によって決定されるというこの点こそ，カント倫理学最大の特徴である。

・

格率と道徳法則

　道徳的に価値ある行為は，義務にかなった行為ではなく，義務に基づいた行為のみであるとされた。それでは，利己心などではなく義務に基づいてある行為をしようとしたとして，もしその行為が失敗に終わり，望まれていた結果が得られなかった場合，その行為はどのように評価されるのか。カントは，それでもこの行為は道徳的に価値を持つ，と答える。

> 義務に基づいた行為は，その行為の対象の実現に依存するのではなく，むしろ行為が，欲求能力の一切の対象を顧慮することなく，それに従って行われる意志作用の原理にもっぱら依存する。　　　　　　　　　　　　　　（カント 2022: 38）

　行為の成否や，成功によって現実のものとなる結果ではなく，意志そのものが則っている原理にこそ，行為の無条件的な道徳的価値が見出される。カントは，この意志の形式的な原理を「格率（Maxime）」と呼んだ。格率とは，「他人に親切にしよう」とか「自分の利益を優先しよう」というような，ざっくりいってしまえば私たち人間が行為するうえでの心構えや指針のようなもので，行為

者その人にしか適用されない主観的な原理である。

　人間の意志が義務に基づいて行為しているといえるのは，道徳法則への私たちの純粋な尊敬の念に動かされるからだとカントはいう。道徳法則とは，行為の道徳性を基礎づける法則であり，先の格率とは異なって，あらゆる人間に妥当する客観的原理である。私たちが道徳法則に従うのは，「それが好きであるから」とか「それが怖いから」といったような受動的な感情からではなく，自発的にそれを尊敬しているからなのである。カントによれば尊敬とは，ある法則に従うべきであるにもかかわらず，その法則に私たちが完全に従うことが能力の面からして難しい場合に抱く感情であるという（カント 1999: 130）。つまり人間は，このあとで見るように有限な存在者であるがゆえに，道徳法則を必ず守って義務を遂行することができるとは限らず，だからこそ道徳法則が神聖なものとして尊敬の対象になるのである。欲求や傾向性といった数々の誘惑に打ち克って，道徳法則に尊敬の念をもって自ら進んで従おうとする態度こそ，善い意志のあり方だとカントは考える。

2 │ 定言命法

命法としての道徳法則

　たとえば学校や仕事の帰り道，あなたが疲れて乗った電車で幸運にも座ることができたとしよう。すると，次の駅で足の不自由そうな人が乗ってきた。このとき，即座に「あの人に席を譲ったら？」という天使の囁きがあなたに聞こえる。だが次の瞬間，「でも今日は疲れてるし，気づかないふりをしてしまおう」という悪魔の囁きも聞こえてくる。

　この両者の間で揺れ動くシーソーゲームこそ，カントの考える「義務」が生じる場である。人間は，善く振る舞うべきだ，善く振る舞いたいと望んでいても，「こうする方が楽だな」「こっちの方が気持ちいいな」という欲求や傾向性につきまとわれていて，その誘惑に負けて善く振る舞えないときがある。神のような完全な存在者であれば，意志はそのまま善い意志であり，道徳法則に完全に合致する一方で，動物は理性を持たず，ただ本能に従ってのみ生きている。どちらにとっても，義務の概念はまったく必要のないものである。なぜなら，

神はそんなものがなくとも，つねに道徳的に振る舞うことができるし，動物には義務に従うという理性的な思考がそもそも欠落しているからだ。ひるがえって私たち人間は，理性を持ちつつも不完全であるという点で，神と動物の中間的な存在だといえるだろう。そしてだからこそ，道徳法則に合致した行為をできたり，できなかったりするのだ。カントは，このような人間の有限性をとてもよく理解していた。

　ある行為を行うことと行わないことのどちらも選択できてしまう人間にとって，道徳法則は「〜せよ」という強制的な命法（命令）の形態で現れる。「実践的規則は，理性が意志の唯一の規定根拠でないような存在者〔例えば，人間〕にあっては命法となる」（カント 1979：49，〔　〕は訳者補足）。さて，命法（命令）というものには二つの種類があるとカントは述べる。「もし Y したいならば，X せよ」という形，つまり仮定条件をそなえた命令は「仮言命法」と呼ばれる。仮言命法においては，Y を得るという目的が前提とされている。たとえば，学校帰りの子どもに対して「おやつが欲しかったら，先に宿題を終わらせなさい」と命じたとしよう。「おやつが欲しかったら」という仮定条件がついているため，この命令は仮言命法の形をとっているといえる。ところが，もしその子どもが今は満腹でおやつを食べたくないとか，おやつに出てくるのが自分の嫌いな豆大福だったとしたら，その子どもは「おやつは要らないから，宿題もしなくていいでしょ」と答えるだろう。つまり，仮定条件で示されているものを欲しない場合，その行為者にとって命令に従う必要性それ自体がまったくないがゆえに，この命法は効力を失うことになる。言い換えれば，仮定条件で示されている目的を共有していない限り，仮言命法は万人に妥当する普遍性を持たないのである。これに対し，普遍妥当性を損なう仮定条件を取り去って，ただ端的に「X せよ」と命じるのが「定言命法」である。ある行為によって達せられる何か別の目的を前提としない定言命法は，無条件的に「X せよ」と命じることができるので，いつでも誰に対しても有効である。そしてカントは，例外を認めず，いつでも誰に対しても妥当するこの定言命法こそが道徳法則の形式としてふさわしいと考えた。

定言命法の第一の定式 —— 普遍化可能性

カントは定言命法を三つの形で定式化する。まず一つめは以下の通りである。

> 君の格率が当の格率によって，同時に，当の格率がひとつの普遍的法則となることを意志できるような，そのような格率だけに従って行為せよ。

（カント 2022: 87）

格率は人間が生きるうえでの個人的な指針のようなものであるから，私たちは自分が採用している格率を自分以外の他人にも押しつけることはできない。「困っている人に親切にする」というような道徳的に善いと思われる格率であっても，格率は格率である限り，行為者当人のみを拘束するものでしかないのである。他方で，私たちが従うべき道徳法則は，あらゆる人間に妥当する普遍的なものでなければならない。それゆえ，ある格率を道徳法則と見なそうとするなら，他人もまた同じ格率をもって行為することを自分が承服できるような格率に限定されなければならない。たとえば「自分の利益になりそうなときは嘘をついても構わない」という格率について考えてみよう。嘘というのは，嘘をつかれた相手の側がそれを嘘だと見抜けないからこそ嘘として成立するのであって，嘘のない世界を前提としなければならない。この格率を採用する人は自分だけを例外扱いして嘘をつくことで他人を出し抜こうとするわけだが，もしこの格率を普遍的な法則として誰もが採用したとしたら，嘘や約束といったもの自体が成り立たなくなり，結果としてこの格率もまた成り立たなくなるだろう。こういった格率はしたがって，普遍的妥当性を持ちえないのであり，それゆえ道徳法則になることはできない。主観的な行動原理である格率のうち，客観的かつ普遍的な法則と一致するような，そういった格率だけが道徳法則として許容されるのである。

定言命法のこの第一の定式は，以下のようにも言い換えられる。

> あたかも君の行為の格率が君の意志によって**普遍的自然法則**になるべきであるかのような，そのような行為をせよ。

（カント 2022: 88）

　あらゆる自然現象を支配している自然法則には，いうまでもなく例外がない。ある日いきなり太陽が西から昇ることはないし，テーブルから転げたグラスが床に落ちずに浮くこともありえない。このように普遍的な自然法則と同様に，道徳法則もまた普遍的でなければならないのである。

定言命法の第二の定式——目的それ自体としての人間性

二つめの定式は，私たち人間の人格に関わる。

> 君は，君の人格の中にも他のどんな人の人格の中にもある人間性を，いつでも同時に目的として扱い，けっしてたんに手段として扱わないような，そのような行為をせよ。
> 　　　　　　　　　　　　　　　　　　　　　　　　　　　　（カント 2022: 104）

　人間を含むあらゆる理性的存在者は「目的それ自体」である。これに対し，理性を持たない存在者，たとえばペンやハサミは，文字を書くためとか紙を切るためというように，ある目的を達成するための道具，手段として用いられるのみであり，ゆえに相対的な価値しか持たない。こうした「物件（Sache）」とカントが呼ぶものとは反対に，私たち人間の「人格（Person）」は，「普遍的に目的として優先される」（カント 2022: 110）。すなわち，それ以外の何らかの事柄を目的とした行為において道具や手段として用いられることに価値があるのではなく，それ自体として単体で絶対的な価値を持つ。

　さて，第二の定式で注意すべき点が二つある。

　i）この第二の定式では「同時に目的として扱い，決して単に手段として扱わない」ことが要求されているのであって，人間性を手段として扱うことそのものを禁じているわけではない。たとえばテスト勉強で忙しいときにアルバイトのシフトを友人に代わってもらうなど，私たちは日々生きるなかで自分の利益のために誰かを「利用」することが多々あるが，そうしたことは社会生活を営むにあたって必要不可欠だといえるだろう。重要なのは，誰かを手段として扱わざるをえないときに，同時にその誰かを人格をそなえた存在者として認め，尊重しなければならない，ということなのである。

　ii）「君の人格のうちにも」とあるように，この定言命法は行為者が自分以外

の他人に対して持つ関係に限ったものではなく，行為者自身にも該当する。カントは義務の概念を，どのような状況下でも絶対に従わなければならない「完全義務」と，行わないことが必ずしも非難されるわけではなく，もし行えば功績として認められる「不完全義務」，そしてここで問題になっているように「自己に対する義務」と「他人に対する義務」とに分け，都合四つに分類した。

① 自己に対する完全義務は，自殺の禁止である。度重なる不幸に見舞われて人生に絶望した人が自らの命を絶つという行為は，自分という一つの人格を，辛い人生を死ぬまで耐え忍ぶための手段としてしか扱っていないことを意味する。

② 他人に対する完全義務は，偽りの約束をしないことである。お金に困っている人は，誰かに借金をするとき，返すあてがないことを隠すかもしれない。そんなことを馬鹿正直に話せば，誰もお金を貸してくれるはずがないからだ。だからといって，「金銭を得る」という目的のためにこういった偽りの約束をすることは，相手を単にその利己的な目的のための手段として利用していることにほかならない。

③ 自己に対する不完全義務は，自分の才能を伸ばすことである。努力をすれば開花するであろう豊かな才能を持った人が，怠惰で享楽的な生活に耽ることは，自分という人格を目的として扱っていない。

④ 他人に対する不完全義務は，他人を愛し，他人に親切にすることである。不幸な他人が幸福になるために，自分ができる範囲で何かしらの手助けをすることは，他人を目的として扱う行為として推奨される。

3 │ 自律と尊厳

...

定言命法の第三の定式 —— 普遍的自己立法

　定言命法の第一の定式で見たように，人間は同時に普遍的法則ともなりうるような格率に従って行為しなければならない。ところが単にこれだけでは，カントが考えるような義務に基づいた行為とはならない。というのも，その場合，意志は道徳法則にただ従っているに過ぎず，道徳法則以外の対象への関心が行為の動機として混入する可能性があるからだ。そのような事態を回避するには，

意志が道徳法則に単に服従するだけではなく，自ら道徳法則を立てる，すなわち立法する立場にもある必要が生じてくる。自分が従う道徳法則を自分自身で立て，かつそれに従うという意志のこのようなあり方を，カントは「自らを律する」こと，すなわち「自律（Autonomie）」と呼び，仮言命法的に何らか他のものを欲して行為している，言い換えれば道徳法則以外の条件によって律せられている状態である「他律（Heteronomie）」と区別した。意志の自律は，カント倫理学において最高原理とされる。

　定言命法の第三の定式は，この意志の自律を表現したものである。

　　もっぱら〈意志がその格率を通して自分自身を同時に普遍的に立法するものと観ることができる〉ような格率以外のいかなる格率に従っても行為しない。

（カント 2022: 114f.）

　人間は，ある格率を普遍的な道徳法則として自分自身に採用することで命じつつ，それに服従するという方法で行為しなければならない。言い換えれば，自律的に振る舞わなければならない。このような仕方で普遍的に立法する意志を持った，つまり自律的な人間たちによって構成される一種の理想的共同体として，カントは「目的の国」という理念を導入する。肉体を持って物質的な世界に生きている私たち人間は，それゆえに傾向性に負けて道徳的に振る舞えないときがあるが，目的の国においては人間のそうした有限性の一切が捨象される。ある法則を自分で立てつつ遵守もする，という二重の態度は，目的の国の成員と元首という二つの立場になぞらえられる。すなわち，同じ一人の理性的存在者が，普遍的法則に服従するという点では成員である一方，自らが立法者として他の意志にまったく依存していないという点では目的の国の元首と見なされる。

　目的の国においては，今しがた見た第三の定式としての定言命法が実現されているだけでなく，第二の定式もまた完全な形で実現されているとされる。すなわち，各人があらゆる人格をつねに目的として扱っているわけだが，カントは目的としての人格は「尊厳（Würde）」を持つという。単なる物件は，「価格（Preis）」を持つものとして，何か他の等価なものと交換可能であるが，対する

尊厳はこうした価格との比較を絶したものであり，等価交換がそもそも不可能であるような，絶対的で内的な価値である。人間は，普遍的立法を自ら行う自律的な存在者である限りにおいて尊厳を持っている。つまり，「自律こそが人間的自然本性ならびにあらゆる理性的自然本性の尊厳の根拠なのである」（カント 2022: 118）。

意志の自律と自由

　意志の自律は，意志の自由にも深く関わっている。通常，「自由」を私たちは「外的原因から独立していること」として理解している。このような理解に基づけば，意志の自由，もっといえば人間が行為や実践において自由であるということを，自分の好き勝手に振る舞って構わない，というふうに解釈することもできるだろう。しかしながら，カントが論じる意志の自由は，このような放縦さでは決してない。むしろこうした振る舞いは，自らの傾向性になびいているという意味で他律的であり，人間が本来あるべき姿ではないのである。意志の自由とは，欲求や傾向性に束縛されておらず，道徳法則以外のいかなるものにも依存していない状態，それのみならず意志が自律的に道徳法則に従っているという従属的な状態を指す。このような状態が「〈自由な意志〉と〈道徳的諸法則のもとにある意志〉とは同一であることになる」（カント 2022: 140）と表現されるように，意志の自由と道徳法則は表裏一体の関係にある。

　道徳的に善い行為ができなかったとき，あるいは道徳的に善くない行為をしてしまったとき，私たちはしばしば後悔の念を抱いたり，良心の呵責を感じたりする。「ああすればよかった」「なぜあんなことをしてしまったのだろう」，こうした心の動きは，意志が道徳法則に反しながらも，それでもなお道徳法則に拘束されていることを逆説的に示している。後悔や自責の念，良心の咎めといった感情は道徳的に善くあろうと思っているからこそ生じるものであって，それゆえもし意志が道徳法則に拘束されていないならば，これらの感情は湧いてこないはずだからだ。こうして普遍的な道徳法則を自己立法し，遵守するという拘束的なあり方に自ら身を委ねている意志は，一見すると確かに自由であるとはおよそ捉えがたいかもしれない。だがむしろ，そのような不自由さにこそ，意志が自律的に善を志向する真の自由が見出されるのである。

4｜現代におけるカント倫理学

カント主義の新たな展開

　カント倫理学は，現代に至るまで強い影響力を持っている。ここでは，現代の英語圏におけるカント主義倫理学の代表的論者を数人紹介しておく。クリスティーン・コースガードは，「実践的アイデンティティ」という着想を鍵にカントの義務論的倫理学を現代流に再構成し，独自の体系を構築した（コースガード2005）。道徳性の根拠への問いは「一人称的な問い」であるとする彼女の理論は一人称アプローチによる倫理学であるが，これに対してスティーブン・ダーウォルはカント主義的立場に依拠しつつ，二人称の相互的尊敬に基づいて義務や責任を捉えようとする（ダーウォル2017）。「修正版カント主義」を自称するバーバラ・ハーマンは，バーナード・ウィリアムズのカント主義批判に応答するなかで，「熟慮の領域」という概念装置を用いてカント倫理学を現代の批判にも耐えうるものとして鋳直すことを試みた（ハーマン2007, 2021；田原2015）。

脚光を浴びる尊厳概念

　本章で見たカントの尊厳概念は，国連憲章や世界人権宣言，あるいは日本国憲法などで基本原理とされている「人間の尊厳」という概念を決定的に方向づけたといわれるが，20世紀後半以降，応用倫理，とりわけ生命倫理の領域でも頻繁に用いられるようになった。これは，脳死や臓器移植，あるいは遺伝子技術など高度な医療技術の発達にともなって，「そもそも人間であるとはいかなることなのか」が根本的に問い直されたことの副次的現象である（加藤2017）。もっとも，この文脈における「人間の尊厳」概念は，胎児や脳死患者など，どの程度まで拡張して適用されるべきであるのかに関して論争が絶えず，また先端的な技術の開発，導入に関する議論を止めるカードになりがちであるとして批判の対象にもなっている（Birnbacher 1996）。また，そもそもカントが主張していたのは抽象的，形式的概念である「人間性の尊厳」であり，その意味で個々人の価値を念頭に置く一般的な「人間の尊厳」とはズレがある，という指摘もある（蔵田2020）。

参考文献

—

加藤泰史　2017「思想の言葉」『思想』1114：2-7。

カント，イマヌエル　1979『実践理性批判』波多野精一・宮本和吉・篠田英雄訳，岩波
　　書店。

―　1999『カント全集8　判断力批判(上)』牧野英二訳，岩波書店。

―　2022『道徳形而上学の基礎づけ』御子柴善之訳，人文書院。

蔵田伸雄　2020「人間の尊厳という価値の実在性――センセンによる人間の尊厳概念の
　　理解をめぐって」『日本カント研究』21：63-74。

コースガード，クリスティーン　2005『義務とアイデンティティの倫理学――規範性の
　　源泉』寺田俊郎・三谷尚澄・後藤正英・竹山重光訳，岩波書店。

ダーウォル，スティーヴン　2017『二人称的観点の倫理学――道徳・尊敬・責任』寺田
　　俊郎監訳，法政大学出版局。

田原彰太郎　2015「カント的行為を文脈に位置付ける――道徳的規範に関する認知主義
　　をめぐって」『現代カント研究』13：68-83。

ハーマン，バーバラ　2007「道徳的判断の実践」田原彰太郎訳，『情況　第3期』8 (2)：
　　158-182。

―　2021「性格のための余地を設ける」圓増文訳，『現代倫理学基本論文集2　規範
　　倫理学篇1』勁草書房，55-105頁。

Birnbacher, Dieter 1996. Ambiguities in the Concept of Menschenwürde. In K. Bayertz
　　(ed), *Sanctity of Life and Human Dignity*. Dordrecht: Kluwer, pp.107-121.

カントの「嘘」論文
人のために嘘をつくのは悪いことなのか

寺本　剛

　あなたはある友人をかくまっている。その友人は，誰かに命を狙われていて，あなたの家に逃げ込んできたのだ。1週間ほどかくまって，そろそろ大丈夫だろうと思っていた頃，誰かがあなたの家を訪ねてくる。油断していたのか，あなたはうっかりインターフォンに出てしまった。モニターにはある人物が怒りを抑えられないといった様子で立っており，友人がこの家にいないかとしきりに問いただす。どうやら手には凶器を持っているようだ。あなたは友人の身に危険が及ぶことを心配して，「このところその友人には会ってもいない」と告げ，その人物を追い返した。嘘をついて，友人を助けたわけだ。

　「人間愛から嘘をつく権利と称されるものについて」という論文で，カントは以上のような場合でも嘘をつくのは道徳的な悪であり，するべきではないと述べている。この事例では嘘をついたから友人が助かったとは必ずしもいえない。真実を告げてドアを開けたとしても，そのときすでに友人は危険を察知して裏口から逃げていて助かるということだってありうる。あるいは逆に，嘘をつかれたと思ったその人物は，すぐさま窓から侵入して，部屋に隠れていた友人に危害を加えるかもしれない。つまり，嘘をつくことと，友人が助かることとの間に必然的な関係はないため，結局あなたは嘘をつくという道徳的に悪い行為をしただけであり，それとは関係なく，友人はたまたま助かっただけだとカントはいいたいようだ。

　カントの主張は理解できないではないが，やはり腑に落ちないところがある。嘘をつくことと友人が助かることとの間に必然的な関係はないとしても，悪い結果が十分に予想でき，他に方法が見つからない場合には，誰かを助けるために，嘘というある意味で「無害」な手段を使うことは，合理的なだけでなく，良心的で，誠実ですらあるように思える。それに，私たちは小さな嘘なら日々無数についているのではないか。嘘で人間関係がギクシャクせずに済むことだっ

てよくある。なぜカントは嘘をここまで目の敵にするのだろうか。

　その一つの理由は，理性的存在者である人格の自律を妨げるからだろう。嘘をつくというのは誤った情報を意図的に他人に与えることである。誤った情報を与えられた人は，誤った判断をするよう誘導され，理性をいくら働かせたとしても，適切な意志決定ができなくなってしまう。これはその人の自律性を拘束しているに等しい。このことは，その嘘が他人を手段として利用する目的ではなく，その人を助ける目的でつかれたものであったとしても同じである。その嘘によって結果的にその人が助かったとしても，自分自身でものごとを考え，どう行動するかを決めるその人の自律性が侵害されたことに変わりはない。

　少々憶測を巡らしてみるならば，これとは別の見方もできる。他人を助ける目的でつく善意の嘘には「この人に真実を伝えても，正しい判断ができないのではないか」という疑念が隠されている。すなわち，善意で嘘をつくことは，他人の理性を信頼せず，むしろみくびっていることになるのだ。ある意味でこれは，自由で尊厳ある他人の人格を尊重せず，むしろ侮辱する態度だといえるだろう。カントが善意の嘘も容認せず，道徳的な悪と見なしたのは，ひょっとすると，そこに以上のような偽善を嗅ぎつけたからかもしれない。

参考文献

カント，イマヌエル　2002「人間愛から嘘をつく権利と称されるものについて」『カント全集13　批判期論集』谷田信一訳，岩波書店。

Active Learning ｜ アクティブラーニング 10

Q.1

「毎日テニスの練習をすべきだ」は普遍化可能か

カントは普遍化可能な格率のみに従って行為することが道徳的だと考えた。ではどんな格率なら普遍化可能だろうか。たとえば「毎日テニスの練習をすべきだ」は普遍化不可能に見えるが，なぜだろうか。考えてみよう。

Q.2

同情から人を助けるのは道徳的ではないのか

迷子の子どもが泣いている。あなたは「かわいそう」と同情してその子を助けてあげようとしている。カントの倫理学では，こうした行為は倫理的なものと見なされるだろうか。考えてみよう。

Q.3

動物には尊厳はないのか

カントの倫理学では，人間だけに尊厳が認められており，動物には尊厳は認められていない。それはなぜだろうか。また，カントのそのような考え方は正しいだろうか。議論してみよう。

Q.4

人を手段としてだけでなく,目的としても扱うとはどういうことか

「人を手段としてだけでなく，目的としても扱う」ことが道徳的だとカントは考えたが，どこまでだったら人を手段として利用してもよいのか。どうしたら誰かを目的としても扱っていることになるのか。議論してみよう。

第11章

責任
「責めを負いうる者」としての人間

齋藤宜之

　本章では倫理学における重要概念の一つである「責任」について学んでいく。
その際，日常的にも耳にすることの多いこの言葉の常識的な理解を手がかりに
しながら，哲学・倫理学においてなされてきた高度な議論に接続していきたい。
最初に，カントの倫理学に即して，人間が責任のある主体，すなわち「帰責能
力」を有する主体であるための条件が，「自由意志」の所持にあることを確認す
る。そのうえで，「意志」が「自由」であることの具体的な有り様が，「行為者
性」と「他行為可能性」にあることを指摘する。次に，自由と責任の可能性を
否定する立場である「（ハードな）決定論」を紹介したうえで，「決定論」を認
めつつも自由と責任の可能性をも認める「両立論」の代表として，フランク
ファートとデネットによる議論をそれぞれ検討する。また，「責任」成立のため
には自らの行為の帰結を「意図」していたことが条件とされることを述べたう
えで，「過失責任」においては意図が必要とされない点にも言及する。最後に，
テクノロジーが高度に発達した現代における責任にまつわる独特の困難と，未
来世代に対する現在世代の責任が成立する根拠について概観する。

KEYWORDS　#自由　#意志　#帰責能力　#決定論　#両立論　#過失責任　#未来世代

1│責任とは何か

・

自由意志と帰責能力

　「責任」という言葉は，哲学や倫理学などの学問領域においてのみ使用される専門用語というわけではなく，普段の生活のなかで使用されることも珍しくはない日常的な用語でもある。この言葉が私たちの口にのぼるとき，一定の理解のもとで使用されているはずである。ここではそういった常識的な理解を手がかりにして，「責任」という概念について考えてみたい。

　ある人物が人を殴って怪我を負わせたとする。その場合，その人物に対して法的・倫理的な責任が問われるであろうことは想像に難くない。一方，強風に飛ばされた木の枝が人に怪我を負わせたといった場合，木の枝それ自体に対して責任を問うというのはナンセンスなことのように思われる（樹木の管理者の責任が問われるということはありうる）。このような，責任を担いうる能力のことを「帰責能力」と呼ぶが，では，人間には帰責能力があり，木の枝にはそれがないとされるのは，いかなる根拠に基づいてのことなのか。

　常識的に考えて出てくる回答は，人間は自ら人を殴ろうとする「意志」を持っているが木の枝にはそれがないというものである。そして，哲学・倫理学の歴史においても，「自由」な「意志」の有無が責任の有無を決定するという方向で考えられてきた。木の枝が人に当たったのは，枝が意志を有していて，それを原因としてそうなったわけではなく，強風という外的な原因によってそのような事態になったのであるがゆえに，木の枝に対しては責任を問えないというわけだ。

　人間と木の枝の間のこのような相違は，「行為者性（agency）」の有無として区別される。「行為」とは，「自由意志」を有する主体によって為されたからこそ，そもそもそう呼ばれうるのであり，木の枝の運動はたんなる物理的な出来事なのであって「行為」ではない。責任は，行為の主体に対して帰せられるものであり，「行為者性」こそが「帰責能力」の条件になるのである。

・
他行為可能性

　では，腹をすかせた犬が肉屋の店先から肉を盗むといった場合はどうであろうか。木の枝とは違って，犬には何らかの「意志」があるようにも思われるし，そうであれば犬にも「帰責能力」が存するということにもなりそうである。しかし一方で，犬それ自身に対して法的・倫理的な「責任」を課すというのは奇妙なことのようにも思われ，この常識的直観も否定しがたい。

　以下では，イマヌエル・カント（Immanuel Kant, 1724-1804）の古典的な倫理学書であり，自由意志とそれを根拠とする道徳性について論じた『実践理性批判』に依拠して考えてみよう。カントに即して結論づければ，犬は真の意味での「自由」な意志を持っておらず，したがって帰責能力をも有してはいないということになる。というのも，犬が肉に食らいつくとき，一見，犬は自らの意志によって「行為」しているようにも思われるが，じつは食欲という自然的本能を原因として必然的に決定づけられているだけなのである。その意味で，木の枝が風に飛ばされるのと変わるところがない。木の枝の場合，風という外的な原因によって物理的運動が引き起こされ，犬の場合は食欲という内的な原因によって行動が引き起こされるわけだが，原因の所在が内的であるか外的であるかは問題ではなく，犬の行動も木の枝の運動も自然界における因果律の必然性に決定づけられたものであるという点では，本質的には同様の事態なのである。カントは，犬の場合のような見せかけの自由を，「一度ゼンマイを巻かれると自動的に運動する回転串焼き機の自由」（カント 2000：264）と呼んでいる。

　たしかに人間の場合でも，空腹に駆られて目の前にある肉を盗んで食べてしまうということがありうる。しかし犬の場合とは異なり，肉を盗んだその人物は，空腹に耐えて盗みという行為を思いとどまったり，正当な手段によって食べ物を手に入れたりすることもできたはずである。このような，別の行為を選択することができるという事態は，一般に「他行為可能性（alternative possibility）」と呼ばれ，帰責能力の根拠と見なされてきた。

　カントによれば，意志決定に際して人間は，食欲のような自然的要因の触発を受けはするものの，それによって意志が必然的に規定されるわけではない。そのようなことが可能なのは「自然の原因性」とは本質的に区別される「自由

の原因性」を自らの内に有しているからである。このような「自由」ないし「自由意志」の実在性を認め，それに端を発する行為が可能であるとする立場は，哲学的な意味での「リバタリアニズム（libertarianism）」と呼ばれる。

2 │ そのとき「責任」はあるのか

決定論

　責任には自由な意志の存在が前提にされる。だからこそ真の自由を有さない犬には帰責能力がない。とはいえ，人間が自由であることはそれほど自明なことなのか。自由に端を発しているように見える人間の「行為」も，犬の場合と同様に，じつは何らかの仕方で予め決定づけられているだけなのではないか。このように考える立場は「決定論（determinism）」と呼ばれる。

　決定論にも様々な立場があり，世界のうちの出来事はすべて神によって予め定められているとする「神学的決定論」などもあるが，近代以降に主流となった決定論は，基本的には「因果的決定論」のヴァリエーションと理解してよい（木島 2020）。「因果的決定論」とは，宇宙におけるあらゆる出来事は，それに先行する物理的原因によって必然的に決定づけられているとする立場である。これによれば，いま木の枝が風に飛ばされて彼に当たったことは宇宙開闢の時点で予め決まっていたということになるし，のみならず，私が空腹に駆られて肉を盗んだことも，あるいは私が空腹に負けずに肉を盗まないという選択をしたことも，すべては自然的因果連鎖の必然的な結果であるということになる。このような立場は，意志を含む様々な心的現象と脳における物理的現象の関係について一定の知識を有している現代の人々にとっては，それほど違和感のない考え方かもしれない。つまり，私たちが「自由意志」と見なしているような心のなかの作用も，じつは，脳神経細胞における電気信号の伝達の結果に過ぎず，自然の因果律によって決定づけられているというわけである。

　決定論が正しく，なおかつそれが自由意志の存在とは相容れないと見なす立場は「ハードな決定論（hard determinism）」と呼ばれる。それによれば，自由意志に基づいた「行為」と見なされているものも，実のところは自然因果律に支配された物理的な出来事に過ぎず，したがってそこに「行為者性」も「他行為

可能性」も見出すことはできず，「責任」なるものが成立する余地は一切存在しないという結論に至ることになる。

両立論

　リバタリアニズムとハードな決定論は対極的な立場であるが，とはいえ両者は，自由と決定論が両立しないという前提を共有している。この立場は「非両立論」と呼ばれる。それに対して，自由（ないし責任）と決定論とは矛盾なく両立可能だとする「両立論」（あるいは「ソフトな決定論（soft determinism）」）の立場もある。

　この立場を採る者としては，古典的にはトマス・ホッブズ（Thomas Hobbes, 1588-1679），デイヴィッド・ヒューム（David Hume, 1711-1776）などがおり，現代においてはピーター・フレデリック・ストローソン（Peter Frederick Strawson, 1919-2006），ハリー・ゴードン・フランクファート（Harry Gordon Frankfurt），ダニエル・クレメント・デネット（Daniel Clement Dennett）などが挙げられる。

　「他行為可能性」は自由の本質的な要素であるのだから，それは責任の条件でもあり，したがって，ハードな決定論によって他行為可能性が否定されれば，自由と責任の可能性は否定されることになる。伝統的にはそのように考えられてきた。しかしフランクファートは，以下のような思考実験を展開して，このような伝統的な構図そのものに疑問を突きつける。

　ある人間が，何らかの理由でAという行為しか選択できないような状況に，つまり「他行為可能性」を有していないような状況に置かれているとしよう。たとえば，彼がBという行為を選択しようとすると，脳内に埋め込まれている装置が作動し，行為Aを選択するように彼の脳神経に直接働きかけるといった状況を想定してもよい。そして彼は実際にAという行為を行った。しかしその行為Aが，彼が自ら望んで選択した行為だったとしたら，彼にAという行為についての責任は存するのであろうか。あるいは「他行為可能性」がなかったということを理由に，責任は免除されるのであろうか。フランクファートの結論は次のようなものだ。

　　その人格の為したことは，彼が本心から欲していたことであった。それゆえ，別

のことを為しえなかったということだけが理由でそれを為したと主張するのは正しくない。このような条件のもとでは，その人格は自分の為したことに道徳的責任があると言ってよいだろう。

（門脇・野矢 2010：97）

つまり，フランクファートが主張しているのは，責任が成立するための条件には「行為者性」のみが必要なのであって，「他行為可能性」は必要ではないということである。

ここで論じられていることは，直接には責任の成立条件についてではあるものの，間接的には「自由」の内実を「行為者性」のみに切り詰める主張がなされていると解釈できよう。つまり，決定論に対して他行為可能性を譲歩することによって，自由と責任のための余地を確保したのが，フランクファート流の両立論なのである。

・・ 「自己コントロール」としての自由

フランクファートの両立論においては，「他行為可能性」は責任の要件から外れたものの，「行為者性」は責任の条件として残されたままである。「行為者性」の可能性まで否定されれば，自由そのものの存在が否定されることとなり，「ハードな決定論」の勝利ということになる。もし自由と責任の可能性を擁護しようとするならば，「行為者性」の可能性は守り抜かれなければならない。

ところが，それがなかなかに難題なのである。というのも，ここでは行為者性に関して「有る or 無い」という二者択一が迫られており，しかも「有る」というためのハードルが相当に高いからである。「行為者性」とは，ある行為の原因がそれを為した主体に帰属しているという事態であり，なおかつ，その原因はさらに先行する別の原因の結果ではないような，つまり，それ以上の因果系列の遡行が不可能である根源的な原因でなければならない。これは，宇宙開闢以来存在していなかった新たな因果系列の連鎖を創始することにほかならないのだから，ハードルは高いはずである。

そこでデネットは，行為者性としての自由に「程度」を認めることで，このハードルを下げようとした。デネットは，自由意志を「自己コントロール」の能力として捉える。しかもそれは，人間に固有の能力であるというわけではな

く，原始的な生物にもその萌芽が見出されるような能力であるとされる。したがって，カントにおいては，人間と犬とが，自由の有無という点で画然と分かたれるものであったのに対して，デネットにおいては，両者の自由は連続的な「程度」の差に過ぎないということになる。

　カントにおいて，なぜ犬は「自由」でなかったのか。それは，空腹――より唯物論的に表現すれば「体内における栄養の欠乏状態」――という自然的原因によって，自己が「コントロール」されていたからだということができよう。しかしデネットの立場からすれば，このような「コントロール」という言葉の使い方は，不適切な擬人化に起因する誤用であるという。なぜなら，「栄養の欠乏状態」というのは，「行為主体」ではないからである。

　「コントロール」という言葉には別の使い方もある。エアコンの中枢システムが，吹き出す空気の温度や風量を「コントロール」するといった使い方である。この場合，エアコンはセンサーによって室温を感知し，それに応じて吹き出す空気を「コントロール」しているわけだが，「室温」に応じてエアコンの挙動が変化することと，エアコンの中枢がその挙動を「コントロール」していると見なすことの間に矛盾は生じない。「室温」は「行為主体」ではないからである。「コントロール」という言葉をこのような意味で用いる限り，空腹が犬の行為の原因となっているとしても，そこに犬の「自由」を認めることが可能となるのである。

　したがって，私たち人間が，犬と同じように何らかの自然的要因に決定づけられていたとしても，自由の可能性が否定されたことにはならないということになる。デネットは行為者性をこのような意味での「自己コントロール」として捉えなおすことにより，行為者性としての自由が成立するハードルを下げ，むしろそのことによって自由とそれを条件とする責任の成立可能性を根拠づけたのである（デネットの説明に関しては，多くを以下に依拠している。戸田山 2014：第6章）。

・・
予測（不）可能性と意図

　リバタリアニズムの場合のようにフルスペックの自由であるか，フランクファートやデネットの場合のように切り詰められた自由であるかはともかくと

して，自由は責任の必要条件である。しかしそれは，自由が「責任」成立の十分条件であることを意味しているわけではない。たとえば次のような場面を考えてみればよい。ある人物が飲み物を買おうとして自動販売機のボタンを押した。しかしそのボタンはじつは爆弾の起爆装置のスイッチであって，爆発により多くの人々が死亡した。

　この人物は自らの自由な意志によって自動販売機のボタンを押した。したがって，「責任」成立のための自由という条件は満たしている。しかし常識的には，この人物に対して責任を問うことが不可能であるように思われるのは，その人は自らの行為を原因としていかなる帰結が生ずるのかを「予測」できてはおらず，したがって多くの人々の死という事態はその人の「意図」するところでもなかったことに理由があろう。つまり，責任が成立するためには，自由とは別個の条件として，自分の行為から生じる帰結について「予測」できていること，そして，それを行為に先立って「意図」していることが必要とされる（キャンベル 2019: 35-46）。

　では，次のような場合はどうか。ある人物が，スマートフォンを操作しながら車の運転をしていたところ，交差点から飛び出してきた子どもをひいて死亡させてしまった。この運転手は，子どもを死に至らしめようという「意図」があったわけではない。しかし，だからといって彼に一切の責任がないとは考えにくい。つまり，「意図」を必須の条件とはせずに成立する責任もあるであろうということだ。それが「過失責任」である。「過失責任」とは，行為に先立って意図していない悪しき帰結を生じさせてしまったことに対する責めと定義できよう。したがって，「過失責任」が成立するための条件としては，行為の帰結についての「予測」もそれへの「意図」も必要とはされないということになる。

・・
過失責任とボパールの事例

　別のケースについて考えてみよう。これは実際に起きた事例である。1984年12月2日，インドの都市ボパールにおいて，アメリカの企業ユニオン・カーバイド社の工場から大量の有毒ガスが漏れ出し，少なくとも3000人以上（長期的には2万人を超えるとの推定もある）の人々が死亡するという産業事故が起こった。事故の発端は，ある作業員がイソシアン酸メチル（MIC）の入ったタンクに誤っ

て水を混入させたことにある。MICは水と激しく化学反応を起こす性質があり，タンク内は高温・高圧となり，加えて，複数の安全装置が機能しない状態にあったり，緊急時にタンクを冷却するための水が不足していたりなどの要因により，大量の有毒ガスが外部に漏れ出した。有毒ガスは，人口密集地帯である工場付近のスラム街の方へと流れ，当日の気象条件も悪く作用して，すぐには拡散されることなく一帯に滞留した。その結果として，多くの死者を出す大惨事となってしまった（レンク 2003：113-137）。

　水を注入した作業員は，多くの人々の死亡という帰結を「予測」していたわけではないし，したがって当然それを「意図」していたわけでもない。「予測」と「意図」が「責任」成立のための必要条件であるのなら，彼には責任がないということになる。とはいえ，「過失責任」についてはどうか。これまでに挙げてきた事例と比較しつつ考えてみよう。

　交通事故の例に関していえば，たしかにこの運転手は，「いつ」「どの交差点で」子どもが飛び出してくるかといったことを，具体的に予測することはできなかったであろう。しかし，彼には，「いつでも」「どの交差点でも」人間が飛び出してくるという一般的可能性があるということを想定しておく義務があった。そして，そのような想定をするための能力も含め，認知能力・判断力・身体能力といった事故を回避するための能力を有しているというお墨付きが自動車運転免許である。つまり，その運転手は事故を回避することが「できた」にもかかわらず，そのための義務を怠ったがゆえに「過失責任」を負うのである（個人の運転能力と運転者一般に求められる運転能力の区別という視点については以下に依拠している。古田 2013：第3章）。

　それに対して，自動販売機の例の場合，そのボタンが起爆装置のスイッチであることが個別ケースとして予測不可能であったのは当然のこととして，自動販売機のボタンを押すに際して，それによって爆発が起こるか否かを判断するような能力が，自動販売機の利用者に対して一般的な資格として求められているわけでもない。それゆえに，このケースにおいては「過失責任」が問われないのである。

　ボパールのケースにおいて，タンクに水を注入した作業員に「過失責任」があるか否かに関して，ただちに答えを出すことは難しいものの，しかし少なく

とも一ついえることは，過失責任の有無の分かれ目は，タンクへの水の注入が
多数の人々の死亡という大惨事の引き金になりうるということを想定する能力
を，自動車運転免許のような一般的な資格としてこの作業員に求めうるかどう
かという点にあるということである。

3 ｜「責任」の拡大
...
予測不可能性の増大に伴う「責任」のあり方の変化

　ボパールの事例は，私たちに別の問題も突きつけている。上述の自動車事故
のケースにおいて「過失責任」が問われるのは，運転手は事故を回避すること
ができたのに，より正確にいえば，それが「できる」資格において車の運転を
していたのに，事故を回避するための義務を怠ったからである。この場合，運
転手に求められているのは，「前方不注意は事故の原因になりうる」といった程
度の認識であり，「前方不注意→事故」という単純な因果連鎖を理解してさえい
ればよかった。それに対してボパールのケースにおいては，タンクへの水の注
入という行為と，多数の人間の死亡という帰結の間には，あまりにも大きな懸
隔がある。つまり，タンクへの水の注入という行為は，安全装置の不備，冷却
用水の不足，人口密集地帯の近接，気象条件といった諸々の要因との複雑な絡
まりあいによって大惨事の原因となったのであり，このことは自らの行為の帰
結を予測することをきわめて困難にしている。

　テクノロジーが高度に発達した現代においては，上述のような事態は社会の
随所に存在するといって過言ではない。複雑なテクノロジーの全体について，
完璧に理解するということを個々の人間に求めることはもはや不可能である。
それはいってみれば，テクノロジーという「自動車」を人類みなが無免許で運
転している状態のようなものなのである。

...
未来への責任

　ここまでの議論では，「責任」という概念を，自由意志を持った主体が過去に
為した行為に対して課せられる責めとして扱ってきた。しかし，日常用語とし
ても，「責任」の用法はそれにとどまるものではなく，たとえば「この問題につ

いては私が責任をもって処理します」などの言い方をするときには，未来の行
為に関する義務といった意味を帯びることになる。そして，未来への責任は，
個々の人間のライフスパンを超えたより長期的な未来への責任にもつながって
いく。このように，現在世代の未来世代への責任について論じる分野は一般に
「世代間倫理」と呼ばれるが，それについて詳細に論じたのがハンス・ヨナス
（Hans Jonas, 1903-1993）である。

　ヨナスによれば「責任」とは，「他者の存在への気遣い」であるという。とは
いえ，人はあらゆる「他者」に対して責任を負っているわけではなく，「私が彼
の世話をしないと，彼の身に何が起きるだろうか」（ヨナス 2000：386）という
憂慮を覚えるような無力な「他者」に対してのみ，人は責任を負っている。ヨ
ナスによれば，そのような「他者」の範例となるのが「乳飲み子」である。人
はか弱い「乳飲み子」を目の前にするとき，それから発せられる「当為」（「当
に為すべし」という倫理的な命令）の「呼び声」を聴くことになるというのであ
る。

　ヨナスの主張に厳密に即していえば，未来世代は私たちの眼前に存在してい
るわけではなく，その「呼び声」を直接に聴くことはできないのだから，「乳飲
み子」を目の前にしている人間——典型的には「親」である——に「責任」が
生じるのと同様の仕方で，現在世代の人々に未来世代への責任が生じるわけで
はない（戸谷 2021：151）。とはいえ，「親—乳飲み子」の関係は，「現在世代—未
来世代」の関係と，その「非対称性」という点において同型的であるというこ
とはできるだろう。すなわち，親が子どもに対して一方的な生殺与奪の権能を
行使しうる立場にあるのと同様に，現在世代の人々は未来世代の人々に対して，
それが良いものであれ悪いものであれ，一方的な影響力を行使しうる立場にあ
るのだ。こうした「非対称性」の関係そのものが，「責任」が成立するための根
拠ともいいうるのである。したがって，子どもからの感謝や見返りがなくとも
子どもの世話をすることが親の「責任」であるのと同様に，未来世代への配慮
は，現在世代に課せられた「責任」となるのである。

　未来世代への責任を果たしていくためには，長い時間を経たのちに出来する
帰結を予測する必要があり，そこには大きな困難が伴うはずである。それに加
えて，高度に発達したテクノロジーの複雑さに起因する予測の困難も存する。

このような二重の困難を突きつけられているのが，今日における私たちの「責任」のあり方なのである。

参考文献
–
門脇俊介・野矢茂樹編・監修　2010『自由と行為の哲学』春秋社。

カント，イマヌエル　2000『カント全集7　実践理性批判　人倫の形而上学の基礎づけ』坂部恵・伊古田理訳，岩波書店。

木島泰三　2020『自由意志の向こう側──決定論をめぐる哲学史』講談社。

キャンベル，ジョセフ K.　2019『自由意志』高崎将平訳，岩波書店。

戸谷洋志　2021『ハンス・ヨナス　未来への責任──やがて来たる子どもたちのための倫理学』慶應義塾大学出版会。

戸田山和久　2014『哲学入門』筑摩書房。

古田徹也　2013『それは私がしたことなのか──行為の哲学入門』新曜社。

ヨナス，ハンス　2000『責任という原理──科学技術文明のための倫理学の試み』加藤尚武監訳，東信堂。

レンク，ハンス　2003『テクノシステム時代の人間の責任と良心──現代応用倫理学入門』山本達・盛永審一郎訳，東信堂。

「悪の凡庸さ」
責任からの逃走

齋藤宜之

アイヒマン

　ナチス・ドイツの親衛隊中佐アドルフ・オットー・アイヒマンは，ユダヤ人を絶滅収容所へと移送する部局の統括者として，最終的には約600万人にも及んだユダヤ人の大量虐殺（ホロコースト）に加担した人物である。戦後は長らくアルゼンチンで逃亡生活を送っていたが，1960年，イスラエルの諜報機関モサドによって拘束され，翌年エルサレムで裁判にかけられることとなった。この裁判を傍聴した哲学者ハンナ・アーレントは，全5回にわたるレポートを雑誌『ニューヨーカー』に連載した後，『エルサレムのアイヒマン──悪の凡庸さについての報告』という一書にまとめあげている。

　人類史上類を見ない巨悪である600万人ものユダヤ人の虐殺に加担したアイヒマンは，それにふさわしい悪魔的な人物であるに違いない。裁判に先立ってアーレントは，そのような想像をしていたであろう。ところが，彼女の目の前に現れたのは，そうした予測を裏切る人物であった。アイヒマンは，殺人に悦びを覚えるような「怪物的なサディスト」ではなく，また，ユダヤ人への憎悪に溢れた反ユダヤ主義者でもない，ごく平凡な役人に過ぎなかったのである。彼のほとんど唯一の関心事は，組織における出世であった。その目的のために，彼は組織の命令──それは最終的にはヒトラーの命令である──に従順に服従し，自らに与えられた官僚としての使命を優れた手腕をもって遂行したのである。このような卑小な動機に端を発する悪，「悪魔的な深遠さ」を欠いた「表層的」なる悪のことを，アーレントは「凡庸」と形容したのである。

　しかし近年では，アーレントのこのようなアイヒマン理解に対しては異論が唱えられてもいる。ベッティーナ・シュタングネトは『エルサレム〈以前〉のアイヒマン』において，アイヒマンが裁判で見せた「出世のために組織に盲目的に服従する小役人」という姿は，彼自身によって巧妙に偽装された仮面に過

ぎず，その真の姿は筋金入りの反ユダヤ主義者であることを実証している。

とはいえ，アイヒマンが平凡な小役人に過ぎなかったのか，あるいは悪意に満ちた反ユダヤ主義者であったのかという問題は，ここではそれほど重要ではない。というのも，その問題とは無関係に，アーレントがアイヒマンに見出したようなタイプの「悪」は現に存在するからである。

ミルグラム実験

そのことはたとえば，「ミルグラム実験」——それは「アイヒマン実験」の異名を持つ——の結果からも明らかである。アメリカの心理学者スタンレー・ミルグラムによってなされたこの実験は，以下のようなものである。「記憶に関する実験」という偽りの目的を知らされて集められた被験者は，「生徒」役の人間とペアを組んだうえで「教師」の役割を演じるよう指示される。「生徒」に対しては問題が出題されるが，誤解答した場合には，「教師」は電気ショックのスイッチを押して「生徒」に罰を与えなければならない。電気ショックの強度は，軽度のショックを与えるだけの15Vから始まり，きわめて危険な電圧である450Vにまで及び，誤解答をするたびに電圧を上げなければならない。被験者が電気ショックを与えることに躊躇した場合は，白衣を着用して「権威」を演出した人物が実験を継続するように指示し，必要に応じて「責任は我々がとる」などと通告する。結果，被験者の65％が最高電圧である450Vのスイッチを入れたのだという（ミルグラム 2012）。

しかしじつは，「生徒」役の人間は実験者に協力するサクラで，実際には電気ショックが実行されたわけではなかった。この実験の真の目的は，「権威への服従」の心理を明らかにすることであり，ユダヤ人であるミルグラムがホロコーストに加担した人々の心理に関心を寄せ，そのメカニズムを解明することを目

的として実施されたものなのである。

　被験者たちは，とくに嗜虐的な傾向を有していたわけでもないし，「生徒」に危害を加えることによって利益を得るわけでもない。そのように，明確な動機がないにもかかわらず，「権威」を突きつけられたり「責任の免除」が提示されたりするだけで，人は容易に悪に加担するのである。

「普通の人々」の責任

　このように，どこにでもいる「普通の人々」が，明確な悪意があるわけでもなく恐ろしい悪に加担してしまうという事例は，ナチス政権下のドイツでも見られた。たとえば，クリストファー・ロバート・ブラウニングの『普通の人びと』によれば，「第101警察予備大隊」約500人の隊員は，狂信的な反ユダヤ主義者であったわけでもないにもかかわらず，ユダヤ人3万8000人超の銃殺，4万5000人超の収容所への強制移送を遂行することで，ホロコーストに加担した。

　とはいえ，「普通の人々」である「大隊」の隊員にとって，このような残虐な任務が最初から容易に受け入れられる所業であったわけではない。彼らは，その所業が組織の上層部の「命令＝意志」に端を発するもので，自分はそれの代替的な遂行者に過ぎず，したがって自分には「責任」もないと思い為すことで自らを納得させていた（小坂井 2020：第1章）。

　ここには，ミルグラム実験において，責任の免除を示唆することが電気ショックの実行のための後押しになっていたのと同様の事態を見出すことができるだろう（バウマン 2021：296-299）。また，アイヒマンが，自分は上官の命令に従って任務を遂行しただけだと主張することで責任を回避しようとし，それによって自らを組織の「歯車」と位置づけざるをえなくなったことをも想起させる。

　自由は「責任」成立のための条件なのであった。しかしもう一ついえること
は，人は自らの「責任」から逃れようとするとき，己の「自由」をも手放さざ
るをえないということである。多くの場合において人は，何らかの組織に属し
何らかの役割を担っている以上，一つの「歯車」であるといえなくはない。そ
してそのことが直ちに「悪」であるわけでもなかろう。とはいえ，人が「歯車」
であることに安住することは，アーレントが見立てるところの「アイヒマン」
になる条件を自ら準備してしまうことでもあるのではないか（アンダース 2007）。

参考文献

アーレント，ハンナ　2017『エルサレムのアイヒマン──悪の陳腐さについての報告』新
　　版，大久保和郎訳，みすず書房。
アンダース，ギュンター　2007『われらはみな，アイヒマンの息子』岩淵達治訳，晶文社。
小坂井敏晶　2020『責任という虚構』増補，筑摩書房。
シュタングネト，ベッティーナ　2021『エルサレム〈以前〉のアイヒマン──大量殺戮者
　　の平穏な生活』香月恵里訳，みすず書房。
バウマン，ジグムント　2021『近代とホロコースト』完全版，森田典正訳，筑摩書房。
ブラウニング，クリストファー・R．2019『普通の人びと──ホロコーストと第101警察
　　予備大隊』増補，谷喬夫訳，筑摩書房。
ミルグラム，スタンレー　2012『服従の心理』山形浩生訳，河出書房新社。

Active Learning | アクティブラーニング 11

Q.1

「自由」や「責任」に関して自分が抱いているイメージを明確にしてみよう

「自由」や「責任」に関して自分が抱いているイメージが，本章で紹介した立場（「リバタリアニズム」「ハードな決定論」「両立論」）のどれに属するものであるのかを明確にしたうえで，その理由についても説明してみよう。

Q.2

AIやロボットの「責任」について考えてみよう

近年の急速な技術の進歩によって，AIやそれを搭載したロボットが個々の状況に応じて「判断」をし，それに基づいた振る舞いをすることが可能になりつつある。その振る舞いに起因する悪しき帰結が生じた場合の責任は誰にあるのか。AIやロボットそれ自体の責任を問うことは可能なのかについて考えてみよう。

Q.3

自動運転技術について調べたうえで，それに相応しい法制度を考案してみよう

自動車などの自動運転技術が急速に進歩している一方で，それを社会実装するための法整備はまだ十分ではない。自動運転レベル（1〜5）の違いも考慮に入れつつ，「自動運転時の責任の所在」という観点から法制度を考案してみよう。

Q.4

国家やその他の集団の責任について議論してみよう

たとえば，戦時中の国家や軍による戦争犯罪の責任について，戦後の国家や国民に対しても継続的に問われるといったことがある。自分が直接に為したわけではない行為の責任を負う義務があるのか否かについて議論してみよう。

第12章

公共
ひとつの世界を共に生きる

———

橋爪大輝

　「公共」という言葉はよく聞こえてくる。その言葉を発する人は，たいてい「公共というものはたいせつだ」とも言う。しかし，なぜ公共は重要なのだろうか。そもそも，公共という言葉は，いったい何を指しているのかよく分からない。その言葉の代わりに，「政治」や「社会」「経済」「国家」といった言葉で済ませてはならないのだろうか。あるいは，置き換えられないとしても，そういう言葉で説明できてしまう何か，ではないのだろうか（もし説明できてしまうなら，「公共」という言葉が指し示す固有の領域は存在しないことになる）。そう考えると，本当は存在もしない「公共」なるものに，いろいろな人がめいめい好きな内容を込めて，それを褒め称えているのでは，などと勘繰りたくもなる。

　本当に公共なるものはあるのだろうか。それがあってはじめて，公共なるものの「倫理」について語れるのではないだろうか。——本章では，こんな基本的な問題意識に立って，公共とは何かというごくごく基本的なところから，公共と倫理について考えていきたいと思っている。

KEYWORDS　#世界　#政治　#意見　#複数性　#論議

1 │「公共」って何だろうか

・

「公共」は多様に語られる?

　倫理と公共，この二つはじつは，アリストテレス（Aristoteles, BC384-322）の昔から結びついてきた。たとえば，アリストテレスの『ニコマコス倫理学』の末尾は『政治学』の予告になっていて，倫理学を実践に結びつけるためには，公共の問題への正しい配慮が必要だと彼はいっている（アリストテレス 2002：487-490）。その理由はさしあたり，倫理的に善き人間を形成するには教育や法が正しいものでないといけないから，というものだった。いずれにせよ，公共は倫理学の由緒正しいテーマだといえる。

　しかし，公共とはいったい何なのだろう？　じつは，こういう疑問がわいてくるのも不思議ではない。公共（性）を解説したり論じたりする書物は，ほとんど異口同音に，公共には非常に多様な意味があると強調しているくらいだ。

　たとえば，かつてこの国では公共性は「官製用語の一つ」（齋藤 2000：1）で，公共事業に異議を唱える住民を「公共の福祉」を理由に退けるための言葉であった（稲葉 2008：9-10；安彦 2004：3）。その使い方に似ているが，一部保守系の知識人が公共性を称揚するときは，公共性というのは国家とイコールの意味で使われている（安彦 2004：5ff.；齋藤 2000：3）。それには，公共に含まれる「公」のなかに「おおやけ領域は天皇を最高位とし国家を最大の領域とし，その上や外に出ることはない」（溝口 1996：45）という日本語特有の含意があることにも関係しているのかもしれない（この章で「公的」とか「公共」という日本語を使うときは，public（英）やöffentlich（独）といった西洋語の翻訳をイメージしているが，日本語ではいま述べたような意味合いも付きまとっていることは，要注意なのである）。

　かと思えば，ボランティア団体やNPO・NGOのような市民の自発的な活動やアソシエーションに，公共性を見出すような言説もある（齋藤 2000：2；山脇 2004：154）。このように，公共（性）という言葉は，それぞれの論者がいろいろな意味を込めて使う「マジック・ワード」（齋藤 2000：1）のようなものになってしまっている（日本における公共性の歴史については，権（2018：第3部）が参考になる）。

・

公共の本質をつかむ

　公共がこれだけいろいろな捉え方をされてしまうと，そこにどんな内実を見て取るかによって，どんな規範的含意を読み取ったり読み込んだりするべきなのかも変化してしまう。たとえば公共が，市民が自発的に生み出した空間を指すなら，そこには多様な存在が共存しうるオープンさが求められたりする。その一方で，公共が国家を指すなら，「滅私奉公」のようなものが“倫理”として求められてしまうかもしれない。公共という言葉は，こんなに自由自在なものでよいのだろうか。

　公共という現象は，少なくとも人間が他者と「共に存在する」からこそ人間世界に存在しているものだと思われる。ならば，そういう人間の共同性と切っても切れないようなものとして，それに必ず伴うものとして，捉えることはできないのだろうか。公共が本質的にどんな現象であるかというところがうまくつかめないと，その倫理的問題を考えることもできないのではないだろうか。——ここでは，そんな観点から，倫理と公共，公共の倫理について考えたいと思っている。

　そのために本章で手がかりとするのは，ハンナ・アーレント（Hannah Arendt, 1906-1975）とユルゲン・ハーバーマス（Jürgen Habermas）という二人の哲学者の思想である。この二人の著作は「「公共性」を論じる磁場を大きく変化させる意味をもっていた」（齋藤 2000：23）とも評され，公共性論の転機ともいえるものだった。だが，この二人の公共へのアプローチの仕方は，けっこう異なる。簡単にいうと，アーレントは公共の「変わらぬ」部分を哲学的に，ハーバーマスは「変わっていく」部分を歴史的に，それぞれ描き出した。しかし，だからといって，二つの仕事が通じ合わないとは思わない。「変わらぬ」部分をつかんでこそ，何が「変わっていく」のかがはっきり見て取れる——こういうふうに，筆者は二者の仕事の関係を捉えたいと思っている。

　それゆえ私たちはまず，アーレントとともに公共の「変わらぬ」本質を探りたい。それは，人間たちが共に生きている以上，出てこざるをえない何かの名前だ。しかし，そういう公共が歪みのない形でいつも現われてくるとは限らない。歴史のなかで，公共は曇ったり見えなくなったりもするだろう。もちろん，

くっきりと見えてくる瞬間だってある。ハーバーマスが，公共性が「変わっていく」のを描いたのは，そういう歴史を書き取るためだったといえる。こういう順番で二人の思想を見た後，公共における倫理を考えたい。

2 │「変わらぬ」公共

アーレントの公共性論

ドイツに生まれ，ナチス政権樹立に伴ってアメリカに亡命した哲学者・政治理論家ハンナ・アーレントは，その主著『人間の条件』（*The Human Condition*, 1958）で，公共性について論じている（アーレント 1994a; 2023）。本節では，同じ本のドイツ語版である『活動的生』（*Vita activa*, 1960）を参照し，彼女の公共性論を検討したい。

さきほど，アーレントは公共の変わらぬ本質を描いているといったのだが，じつはアーレントも公共性の歴史的変化という主題を扱っており，たとえば古代ギリシアのポリスを理想的な公共性として扱った記述もある。だが，川崎修が指摘しているように，「『人間の条件』には，こうした〔古代ギリシア的な〕ポリス/家のモデルに直接言及しない形で，「公的」なるものを定義する叙述も存在する」（川崎 2020：82，〔　〕は筆者補足）。川崎が述べているのは，同書の第7節に出てくる，「公的」という概念の意味に関する記述のことである。私たちもこちらを手がかりにしたい。

> 「公的」とは（中略）一般公衆の前に現われるものなら何であれ，誰でもそれを見たり聞いたりすることができること，それにより可能なかぎり広範な公共性が当の現象にさずけられること，このことを意味する。何かが現われ，しかもその何かをわれわれ自身と同じように他の人びとが現象として知覚できる，ということが人間世界の内部で意味するのは，当の現象に現実味Wirklichkeitが帰せられるということである。
> （アーレント 2015：61）

これがアーレントのいう公共の意味なのだが，いったいここでは何がいわれているのだろうか。実例をイメージしながら，考えてみたい（本当は，いま挙げ

た意味のほかに，公共には物からできた「世界」という第二の意味があるといわれる
のだが，そちらは取り上げない）。

複数の視座とリアリティ

　あるもの，たとえばリンゴが私の目の前にあるとしよう。そのリンゴが，私
だけでなく，そこに居合わせる他者にも見えているならば，そのリンゴは幻影
などではなく，現実に存在するものだと分かる。目の前のものの現実味＝リア
リティは，このようにして，私一人によって確保されるものではなく，他者も
含む「私―たち」によって保証されるものである。アーレントによれば，これ
が「公的なもの」つまり公共性の意味である。

　たしかに，「私」のうちにしか見出されない思考や情念，快楽などは，「私」
にとっては強力な存在感を持っている。けれども，それらは適切な仕方で公的
なものに変容させられなければ，私以外の他者にとってはリアリティを欠いた
ものとなるだろう。

　このように，公共性は，ある対象が複数の者によって知覚されることで，そ
の対象のリアリティを保証するようなものであるが，そのリアリティを構成す
るのは，文字通り「存在するかしないか」という意味での「実在」性だけでは
ない。アーレントはさらに次のようにいう。

　　公的空間の現実性は，無数の位相や遠近法をそなえて他者がそこに同時に居合わ
　　せることから，生じてくる。それら無数の位相や遠近法のうちで，共通なものが
　　おのれを現わすのであり，無数のそれらにふさわしい共通の尺度や公分母は存在
　　しえない。というのも，共通世界が皆に共通の集合場所をしつらえたとしても，
　　そこに集まってくるすべての人は，共通世界に各々異なった位置を占めるし，ある
　　人の位置が他の人の位置と重なり合わないのは，二つの対象物の占める位置が
　　重なり合わないのと同じだからである。他者によって見られ聞かれることが有意
　　義なものとなるのは，各人が別々の位置から見たり聞いたりするという事実に
　　よってである。　　　　　　　　　　　　　　　　　　　　　（アーレント 2015：71）

　同じ対象を，私も他者も見ている。しかしそのさい，その私も他者も，その

対象を同じ位置から見ているということはありえない。それゆえ，私と他者は，必然的に同じ対象の別の面を見ることになる。同じリンゴでも，反対側から見れば，違ったシルエットを呈することになるだろう。現実は，このように，視点が複数あればその数だけ違った姿を呈するものである。複数の見る者にとってまったく同じ姿が見えるとしたら，かえってその対象はリアリティを持たないだろう。同じものが違って見えるということ，そこにリアリティがあると，アーレントは考えるわけである。

公共性と意見

このように，ある対象が複数の視点に対して複数の側面を示しつつ現われる構造を，アーレントは公共性と捉える。私たちは物理的対象を物理的に知覚する場面にとりあえずは定位して解釈したが，同じような構造は出来事や事件の解釈，制度や規則などをめぐる理解などにも応用可能であろう。

じっさいアーレントは，『過去と未来の間』に収められているのちの論考「真理と政治」では，このように見る者それぞれにとって対象が違った仕方で与えられていることを，「わたしにはそう見える」という事態として捉え返し，それを「意見（ドクサ）」と呼んでいる（アーレント 1994b: 321）。意見とは，誰にとっても同一である事実や真理とは異なり，それぞれの者にとっての対象の「見え」方なのである。そしてこの意見こそ，政治や政治的思考にとって構成的な要素を成す。

そのわけはこうだ。「事実は合意や同意に左右されるものではな」いし，「真理を扱う思考とコミュニケーションの様式は，政治のパースペクティブから見るならば必然的に威圧的である」。一方「意見が歓迎できぬ場合には，論議したり，拒絶したり，あるいは妥協することもでき」る，つまり討論できる。そして，「政治的生活の本質そのものを構成するのは討論なのである」（アーレント 1994b: 327）。

このとき，こうした意見の場にふさわしい思考様式を，アーレントは「政治的思考」と呼んでいる。

政治的思考は〔他者を〕再現前化する。わたしはさまざまな観点から所与の問題

を考察することで，つまり不在の人の立場をわたしの心に現前させることで意見を形成する。すなわち，わたしはかれらを再現前化＝代表する。（中略）わたしが所与の問題に考えをめぐらしているときに，人びとの立場をわたしの心に現前させればさせるほど，そして，わたしがかれらの立場ならばどのように感じ考えるかをふさわしく想像できればできるほど，わたしの再現前化的思考の能力は強まり，わたしの最終的結論や意見の妥当性は増す。

（アーレント 1994b：328，〔　　〕は訳者注）

　アーレントが政治的思考と呼んでいるものは，世界やそのなかの対象が複数の見る者のパースペクティブに対して別々の側面を見せているということを前提とした思考様式であるといえる。だから，ある問題を考察するとき，他者にはどう「見える」かを思い描かねばならない。そのために必要なのは，アーレントによれば，自分の私的な利害関心（interest）から離れることである。

　　意見に関わるときわれわれの思考は，相争うあらゆる種類の見解を，いわば一つの場所から他の場所へ，世界の一方から他方へと駆けめぐり，ようやく最後にこれらの見解の特殊性を超えて何らかの公平な普遍性へと高まる。

（アーレント 1994b：329）

　しかしこの場合，一人一人の「見え方」を規定しているものはいったい何なのだろうか。というのは，物理的な対象を複数人で見る場合ならば，空間的な立ち位置の違いがその対象の見え方に帰結するだろうが，ある問題について複数の意見があるといった場合には，その“立ち位置”はどう考えても空間的な位置ではないからである。アーレントはその点について明示していないが，上で「利害関心」という言葉が使われていることも参考にするなら，おそらくその“立ち位置”を定めるものは，一人一人にとっての「価値」観といったものではないだろうか。

　人が何に価値を置いているかによって，問題の見え方は変わってくる。たとえば「貧富の差の拡大」といった事態は，「公平」に価値を置いているなら，ただちに対処し，改善すべき事態であるが，ある種の「自由」に価値を置くなら，

さしたる問題とは見えないかもしれない。このように，ある者にとっての価値は，その者の物理的ではない"立ち位置"を定め，その位置に従った世界の見え方を切り開くのである。

3 | 「変わっていく」公共

…

アーレントからハーバーマスへ

アーレントによれば，公共性とは様々な対象が多様な視点から見られることでリアリティを得るという構造であった。ここで思い起こしておけば，私たちは他者と共に生きる人間存在に必然的なものとして公共を捉えるため，アーレントを参照したのだった。いまや，彼女の議論からこういえるのではないだろうか。すなわち，人間は必ず複数的に存在しており，それゆえ私たちの世界は必然的に複数的な視点から見られることになる。ひとつの世界を共に生きることから，ひとつの世界を違った立場から見ざるをえないということが帰結する。こうした私たちにとっての世界の与えられ方こそ，公共という現象そのものなのではないか，と。

そしてこのとき，このような公共のあり方そのものから，公共という現象の持つ倫理性が出てくるようにも思われる。世界が複数的な視点のなかで立ち現われてくるとき，自分とは異なる視点とどう関わるべきか，という問題が生まれてくるからだ。複数の視点や価値観を，衝突させず，かといってそれらの複数性を抹殺せずに，どう統合したり融和させたりすべきなのか。そして，複数的であることそのものに価値があるとすれば，それを維持すること自体が規範的に求められもするだろう。こうした前提に立つとき，アーレントが「政治的思考」と呼んだものも「倫理的」と特徴づけられるかもしれない。それは，他の視点を抹殺せずに，自らの思考の妥当性を高めよという，倫理的な要請を含んでいると解することができるからだ。

だが，このような公共性の構造が人間存在の複数性から自然と生ずるものであるとしても，その公共性を尊重した共同性が現実に存在するかどうかは別問題である。私たちは次に，ハーバーマスの歴史的な公共性論を，こうした問題意識に立つものと捉え，アーレントに接続する形で解釈してみたい。そこでこ

こからは，前節とは趣きを少し変えて，公共を歴史的に眺めることにする。

・・・
ハーバーマスの公共性論

　ドイツの哲学者・社会学者ユルゲン・ハーバーマスは，その著書『公共性の構造転換』（*Strukturwandel der Öffentlichkeit*, 1962）において，それぞれ別箇の歴史的由来を持つ様々な形の公共性が混交するなかで，私たちが現在有する公共性の概念が歴史的に形成されてきたさまを描き出している（ハーバーマス 1994: 11）。

　しかし，そんなハーバーマスにとって，どんな形の公共性も等しい価値を持っているわけではない。彼は，ある形の公共性に，範例的な位置づけを与えている。それは彼が「市民的公共性（bürgerliche Öffentlichkeit）」と呼ぶ公共性だ。この公共性は，けれども，歴史のなかでつねに存在していたわけではない。むしろ，それはあるとき生まれ，そしてあるとき失われたものなのである。

　この公共性は，ハーバーマスによれば，国家と対立する市民社会のなかで生まれる。彼にとって市民社会とはほとんど市場と同義で，経済活動が営まれる場，つまり商品交易がなされ社会的労働が行われる場である。この市場のプレイヤーは（国家に属する者という意味での）公人ではなく，国家からいわば排除された私人（民間人）である。だから，国家と市民社会は別物として区別されるのだ。

　この私人たちは，自分たちの場である市場に国家が手を突っ込んでくるのに反対し，市場における自分たちの交渉の規則については，自分たちで決めたいと考える。そこで人々はお互いに議論（公共的な論議）を交わし，その内容を携えて公権力と渡り合おうとするのである。ハーバーマスが市民的公共性と名づけるのは，こうして形成された議論の空間なのだ。

　それ以前には，市民的公共性のような公共性は存在しなかった，といえる。たとえば，中世ヨーロッパにも一種の公共性はあった。しかし，ハーバーマスが「代表的（具現的）公共性（repräsentative Öffentlichkeit）」と呼ぶこの公共性は，市民的公共性とはだいぶ毛色が異なる。そこで公共的な存在だったのは君主や領主といった支配者で，しかもこの者たちが公共的だったのは，自分より高位の権力を自分の身に体現しているから，という理由だった（領主なら自分よ

り高位の君主を体現しているし，君主は神や国家そのものを体現している）。

　君主のような存在がひとり公共的である，というような公共性は，私たちが前節で見てきた公共の本質的なあり方とも相容れないだろう。では，ハーバーマスが範例的な位置づけを与える市民的公共性はどうなのだろうか。

・・・

市民的公共性とは何か

　市民的公共性の最大の特徴は，すでに述べた通り，人々が議論し決定していくというところにある。先ほど，市民的公共性が公権力（国家）と渡り合おうとするといったが，その対抗の仕方にもその特徴が現われている。

　そもそも強力な国家権力にどうやって論議で渡り合うのだろうか。その答えは，ハーバーマスによれば，「既存の支配の原理を掘りくず」し，「支配そのものの性格を変化させ」る（ハーバーマス 1994: 47），というものだ。密室で物事が決められるならば，どんな議論を経て，どんな理由で決められたのかも分からず，君主の恣意が通る余地が生まれるし，部外者たる私人がその決定に介入する糸口もなくなる。だから君主の支配力の源の一つは「秘密」にあったといえる（大竹（2018）参照）。そこに市民的公共性が突きつける対抗原理が，「公開性」である。ある決定はどんな議論を経てなされたのか，それを公開して，市民がチェックできるようにする。そうすれば，その決定がいったいどんな法律に則っているのか，問うことができる。「法律は一定の普遍性と持続性をもった理性的規則である」（ハーバーマス 1994: 74），つまり法律はコロコロと変わるものではないし，合理的で，誰にでも当てはまるものとして組み立てられる。とすれば，そういう法律があると，君主も勝手に物事を決めるわけにはいかないことになる。支配自体の性格を変えてしまうというのは，つまり，秘密を使えなくすることで，支配を「「法」の単なる執行へ（中略）引き下げる」（ハーバーマス 1994: 74）ということだったのだ。

　法が市民的公共性にとって“武器”となりうるのは，法が普遍的であるから，つまり，私人たちには適用されるが君主には適用されないといったようなことがないから，である。そのとき，「法には（中略）合理性が内在する」（ハーバーマス 1994: 74-75）ということが，重要になってくる。なぜなら，合理性こそ，特定の誰々に排他的に属するものではなく，その意味で普遍的だからである。

そして，市民的公共性こそがその合理性を明らかにできると思われていた。そ
れがなぜかは，市民的公共性の前身となったある公共性から説明できる。

論証のみが力を持つ空間

　ハーバーマスによれば，市民的公共性の源泉の一つは，文芸について自由に
語り合う空間（文芸的公共性　literalische Öffentlichkeit）だった。具体的にはコー
ヒーハウス・サロン・読書会といった場所で繰り広げられたこの公共性におい
ては，「社会的地位の平等性を前提するどころか，そもそも社会的地位を度外視
するような社交様式が要求される」（ハーバーマス 1994：56）。参加者の人々は，
そこでは対等とされたのだ。そしてこの条件のもとでのみ，「論理の権威が社会
的ヒエラルヒーの権威に対抗して主張され，やがては貫徹される」（ハーバーマ
ス 1994：56，傍点は筆者付加）。つまり，地位がものをいわないからこそ，主張
そのものが論理や理由の面で優れているか否かのみが，主張を判定する尺度と
なるわけだ。この特徴を，市民的公共性は引き継いでいる。

　　　このような条件のもとで公共の論議から生ずる結論は，合理性を主張することが
　　　できる。すぐれた論証の迫力から生まれる公論は，その理念からいえば，正論と
　　　正義とを一挙に言い当てようとする道徳的に高望みな合理性を要求するのであ
　　　る。
　　　　　　　　　　　　　　　　　　　　　　　　　　　　（ハーバーマス 1994：76）

　市民的公共性は，地位の差異を解体するその場の特性からして，合理性を開
示するのに適している。そこでものをいうのは，より優れた論証の力のみだか
らである。「正論（das Richtige）」とは認識や論理における正しさであり，「正義
（das Rechte）」とは道徳的な正しさである。だから，それらはいわば場を異にす
る「正しさ」だが，どちらも「正しさ」には変わりないのだから，合理性によっ
て獲得できるだろう，と考えられたのだ。
　このように合理性を拠り所にして公権力と対峙する市民的公共性は，アーレ
ントを手がかりに私たちが見出した公共のあり方や倫理と，どのような関係に
あるだろうか。なるほど，ハーバーマスとアーレントの間に強調点の違いもあ
る。アーレントは，人々の視点の違いを強調し，他者の視点を想像的に取り入

れることで妥当性を高める思考様式を提示したが，これに対してハーバーマスは，理性的な論議の合理性が認識と道徳両面における「正しさ」を見出すと考えたからだ。けれども，公共性においてなぜ「正しさ」が見出せるとハーバーマスが考えたかといえば，そこで一つのものの見方のみが権力や地位によって貫徹されるのではなく，優れた論議や理由という点に立って，多様なものの見方が交流するからであった。その意味で，やはりハーバーマスの公共性もまた，世界が複数の視点に対し開かれているというあり方に，重要性を見出すものであるといえる。意見の複数性そのものに規範的な意義を見て取っているからこそ，それを軸に公共性の生成と衰退を描くことできたのだ。

　公共性をめぐるハーバーマスの物語は，明るい終わり方ではない。憲法に組み込まれるなどして地歩を固めたかに見えた市民的公共性は，その開放性ゆえに大衆の流入を呼び込み，かえって宣伝などによって操作されるもの（操作的公開性）に堕落してしまう。論証や理由の力によって正論と正義を見出さんとする公共性の理想は失われつつある，というのが彼の結論である。

4│ひとつの世界を共に生きる

　公共という現象を明確に捉えて，はじめて公共の倫理について語れる。それが本章の問いの入り口だった。私たちは本章で，公共をうまく見つけることができただろうか。

　アーレントを手がかりに私たちが示したのは，公共は，世界が複数の視点に対して与えられざるをえない，私たち人間存在の複数的なあり方から，必然的に生じてくる現象だ，ということだった。この現象は，政治でも経済でも社会でも国家でもない，公共としか呼びえない独自の現象だといえる。

　この公共というあり方そのものから生まれてくる倫理的次元がある。なぜなら，視点が複数であるということは，そしてその視点を定めるものが価値観であるとすれば，その視点同士をどのように調停するか，という問題が生まれるからだ。さらに，もしこの視点の複数性それ自体が価値を帯びているのだとすれば，その複数性を保つこと自体が規範的となるといえる。ハーバーマスが描いたのは，このような公共が見出されもすれば失われもするという歴史だった。

世界が複数の視点に対して与えられているという事実だけでは，必ずしもその複数性が尊重されるには至らないからである。

　公共とは，ひとつの世界を共に生きることから生じてくるものであり，だからこそ私たちに必ず課せられた倫理的課題ともなるのである。

────────────

参考文献

安彦一恵　2004「「公共性」をめぐって──何が争点であり，何が論点であるべきか」安彦一恵・谷本光男編『公共性の哲学を学ぶ人のために』世界思想社，3-22頁。

アリストテレス　2002『西洋古典叢書　ニコマコス倫理学』朴一功訳，京都大学学術出版会。

アーレント，ハンナ　1994a『人間の条件』志水速雄訳，筑摩書房。

──　1994b『過去と未来の間』引田隆也・齋藤純一訳，みすず書房。

──　2015『活動的生』森一郎訳，みすず書房。

──　2023『人間の条件』牧野雅彦訳，講談社。

稲葉振一郎　2008『「公共性」論』NTT出版。

大竹弘二　2018『公開性の根源──秘密政治の系譜学』太田出版。

川崎修　2020「公と私」日本アーレント研究会編『アーレント読本』法政大学出版局，78-85頁。

權安理　2018『公共的なるもの──アーレントと戦後日本』作品社。

齋藤純一　2000『公共性』岩波書店。

ハーバーマス，ユルゲン　1994『第2版　公共性の構造転換』細谷貞雄・山田正行訳，未來社。

溝口雄三　1996『公私』三省堂。

山脇直司　2004『公共哲学とは何か』筑摩書房。

Case Study | ケーススタディ 12

ネット社会と公共性
フィルターバブルとエコーチェンバー

寺本　剛

　インターネット上には多種多様な情報が流通しており，私たちはそのなかから検索エンジンなどのサービスを利用して，自分にとって有用な，あるいは自分の好みに合った情報を選別して受け入れている。その際には，利用履歴などの個人情報に基づいてアルゴリズムが個々のユーザーに最適化された情報を自動的に提供しており，そのおかげで時間とコストをあまりかけずに有益な情報にアクセスすることが可能となっている。その一方で，こうしたフィルタリング機能はユーザーの好みや関心に合った情報しか提供しない傾向が強いため，ユーザーはそれ以外の情報にアクセスしにくくなってしまう。自分好みの情報の泡に覆われて，情報的に孤立してしまうこうした状況は「フィルターバブル」と呼ばれている。

　また，SNSにおいては，自分と同じような考えや価値観を持った人々がフォローし合うため，特定の意見や価値観に基づいた情報が繰り返し流通し，共有され，そこに属している個人はその情報を正しいものと信じ込んでしまう。このように閉鎖的な情報環境のなかで特定の意見や価値観が増幅される状況は「エコーチェンバー」と呼ばれる。エコーチェンバーとは反響音や残響音を録音するために同じ音を繰り返し響き渡らせることのできる部屋を意味し，同じ意見や情報が繰り返し提供され，強固に共有されていく情報空間のあり方を表す比喩となっている。この効果によって，ネット社会では，自分と異なる意見や価値観に触れ，異なる立場の人々と交流する機会が減ると同時に，それぞれのコミュニティがその価値観を純化させて結束を固め，他の価値観を排斥する傾向も生じ，それが対立や分断を生じさせてしまう。

　公共とは，多種多様な人々が共通の問題について意見を交えることのできる場である。そこにはそれぞれの人が自分のプライベートな世界から出てきて参加し，意見や価値観の相違や対立を前提としながら，共生の道を探っていく。

インターネットという技術は世界中の多様な人々が意見や情報を相互にやりとりすることを可能にするものであり，それによってこれまでリアルな状況だけに限定されていた公共性を拡大する可能性を持っていたし，今でも持っている。しかし，フィルターバブルやエコーチェンバーといった現象を見ると，むしろインターネットのせいで，人々がプライベートな情報空間から公共性の場に出て行ったり，公共性の場を作ったりする機会が失われていっているようにも見える。また，異質なものとの対話ではなく，異質なものの排斥へと人々が向かっているようにも見える。

　百木漠はインターネットが物理的な距離を越えて人々を結びつけることができるからこそ，公的空間と私的空間の境目がなくなり，人々を「結びつけつつ分離する」ことがじつは難しくなっていると指摘している。人と人とをネットワークでつないでも，必ずしも公共性が実現できるわけではないと言うことになるかもしれない。とはいえ，すでに私たちはネット社会のただなかで生きており，そこから逃れられそうにない。テクノロジーによってコミュニケーションの型が変化したなかで，どうしたら公共性の場や私たち自身の公共的なあり方が実現できるのか，考えていく必要がある。

参考文献
―
百木漠　2020「テーブル囲まぬ議論のかたち　コロナ後，オンラインで失われる公共性」
　　　朝日新聞2020年05月13日。

Active Learning | アクティブラーニング 12

Q.1

ネット社会で公共を作るには?

ネット社会で公共的な議論の場や公共的な行為のあり方を作ることができるか。インターネットでのコミュニケーションとリアルなコミュニケーションの違いを考慮し，ケーススタディも参考にしながら，考えてみよう。

Q.2

高齢社会と選挙

少子高齢社会では，若者の人口が相対的に少なくなり，若年層の声を選挙によって公共政策に反映することが困難になる。選挙におけるこうした世代間格差の問題についてどう考えるべきだろうか。

Q.3

公共性はどこにあるか

公共性とは，意見や価値観の異なる多様な人々が共通の問題について，それぞれの意見や価値観の相違をふまえて，意見を交えることのできる場である。現代社会においてこのような場はどこで成立しているか。例を挙げてみよう。

Q.4

AIによる公共サービスの最適化

AIが発達し，公共サービスが最適化されて，国民の満足度が高水準になった社会を想像してみよう。その社会はもはや公共的な議論は必要なくなるかもしれない。それでも私たちは公共性を必要とするだろうか。考えてみよう。

第13章

理由
「道徳性」ではなく「規範性」から出発する

安倍里美

　「どうして私は道徳的に正しいことをしなければいけないのか」という問いに答えようとすると，私たちは一つのディレンマに直面することになる。道徳的であることには意味があると示して相手を納得させようとするなら，私たちは道徳的な正しさを消去してしまうことになる。他方で，道徳的に正しい振る舞いというものは，そうすることに何か意味があるからするようなことではなく，それが正しいことであるからするようなことなのだと認めてしまえば，道徳的な要求を一切気にかけないあり方を批判する根拠をなくしてしまう。

　近年注目されている，理由を中心概念として規範性全体を捉えようとする議論は，道徳的義務が持つ要求的な性格についてこれまでになかった説明を与えてくれるかもしれない。行為の理由は，私たちが日常的にしているような仕方で，行為を理解したり，行為を評価したり，行為を決定したりすることを支えるものである。本章では，その行為の理由を基本単位として，あることが道徳的義務であるということを分析していくことで，道徳的であることの意味を問うことができるような地点など存在しないようなものとして道徳的義務を描出することを試みる。

KEYWORDS #理由 #規範性 #道徳性 #メタ倫理学 #価値 #義務

1 | 否定しがたい道徳の基礎を求めて

「道徳的に振る舞うことが何になるのか」という問い

　あなたにFという友人がいるとしよう。Fは朗らかで気のいい人だが，少しルーズなところがある。約束をすっぽかして平気な顔をしていたり，都合が悪いとすぐに嘘をついたりするのだ。そのたびにあなたはFを非難し，Fも謝罪し反省した素振りを見せるが，しばらくするとFは同じようなことを繰り返す。

　さて，あるときFが，勉強用に本を買うといえば祖父母が小遣いをくれるから，自分はその金で遊んでいると明かしてきたとしよう。Fは祖父母を騙しており，その行いは非難に値するといえそうだ。だがFは，約束を破ったり嘘をついたりすることは間違ったことで正当化されないと責められても，これまで根本的には自分の行いを改めることがなかった。だから，今回も単に不道徳だとFのことを責めるだけではあまり意味がなさそうである。

　そこで，あなたは，Fと一緒に出かける自分が，嘘をついて手に入れたお金を使うのに加担しているように感じられるのでやめてほしいと伝えることにした。つまり，あなたは，Fの道徳的不正が自分にとっては不愉快だと伝えることにした。Fにもあなたを気にかける気持ちがあったらしく，その話を聞いてから，Fのいい加減な態度は徐々に改善されるようになった。

　今回，あなたはFが気にかけているものに訴えかけることで，「道徳的」な振る舞いをするようにFを導くことができたのだから，少なくともある意味で，道徳的な説得に成功したといえる。すなわち，やってはいけないとされているようなことをFがすると，あなたがそれに対してネガティブな感情を抱くということに訴えかけることで，あなたは，道徳的に正当化されない振る舞いをすることはF自身にとって不利益になると示し，Fが道徳的に振る舞うような動機づけを与えたのである。Fは友人としてあなたの心理状態を気にかけているし，あなたとの友人関係や，それを成り立たせるものの一つであるあなたのFに対する信頼を維持したいと考えているだろうし，あなたとの友人関係を維持することで得られる様々な機会といったものが失われるのはまずいとも考えているだろう。こういったものにFは関心を向けていて，だからこそ，道徳的に

正当化できないことをすることでそれらが損なわれるなら，それはＦにとっても大問題である。いまやＦは，自分の振る舞いが道徳的に正当化されるようなものであるかどうかに無関心でいることはできない。Ｆのように，道徳に重要性を認めず，道徳を気にかけない人は，いわば「道徳的であることに何の意味があるのか」という潜在的な問いを抱えている状態にある。このような人に対しては，「道徳的に振る舞うことは，この通り，あなたにとっても意味があることです」と示してやれば「説得」はできるのだ。

　「道徳的であることに何の意味があるのか」という問いは，必ずしもＦのように道徳的に正しいことをするように動機づけられていない人だけが問うものではない。道徳的に正当化される行いをするよう心がけている人が，改めて道徳の重要性を確かめるために「なぜ約束を守らなければならないのか」「なぜ恩を返さなければならないのか」と問うこともある。こういった場合は，Ｆのような人を相手にする場合とは違って，必ずしも問いを発した人が関心を向けるものを察知して，それに引きつけて答える必要はない。というのも，道徳規範は幸福や真理といった何かそれ自体で重要性を持つものに下支えされていると改めて示すだけで相手を納得させられるかもしれないからである。

　こういった手続きをとれば，「道徳的に振る舞うことが何になるのか」と問う人をある程度は満足させることができる。しかしながら，ハロルド・アーサー・プリチャード（Harold Arthur Prichard, 1871-1947）が指摘しているように，この手の応答は，まさに道徳的義務を果たすことの意味を示してしまうことで，「道徳的義務はなぜ私がしなければならないことなのか」という問いを「道徳的義務にかなう行いをした方がいいのはなぜか」という問いへと密かに読み替えているという問題を抱えている（Prichard 1912）。

　第一に，Ｆに対する説得で見たように，道徳的に要求されていることは行為者自身の望むことと合致していると示すことは，「あなたの望みと合致するので，義務を果たした方がいいといえる」と示すことである。しかし，そもそも義務というものは，行為者が望まないとしても果たさなければならないもののはずである。問われているのは「あることをしなければいけないのはなぜか」であって，示さなければならないのは，あくまで，ときに自分の望みに反して選択肢を縛るものを受け入れなければいけないのはなぜかである。あなたはＦ

を説得し，Fの気持ちを動かすことはできても，義務の権威性を認めさせるような答えを示すことはできていない。

第二に，受けた恩を返すことや約束を守ることで人々の幸福を全体として促進できるというように，義務を果たすことで何か価値があるものあるいは望ましいものを実現できると示すことも，私が義務を果たすならその方がいいということしか示せない。この答えに従えば，ある人が約束を守る世界は，その人がそうしないという点でのみその世界と異なる世界よりも望ましい。義務を果たせば，何か望ましいものを実現できるのだから，正しいことをするのには意味がある，ということになる。しかし，このことが単独で，なすべきことへと拘束される感じを我々に持たせることができるとは考えにくい。親指を第一関節のところで曲げるだけですべての人の幸福度を同じだけ上げられるという魔法じみた能力を私が身につけたなら，その方がいいだろう。だが，だからといって私はこの能力を持っているべきだ，とかその能力を獲得するためのトレーニングをするべきだ（しなければならない）と考えるのは馬鹿げている。

義務の拘束性は望ましさから派生するものとは考えがたい。だから，なぜ道徳的に正しいことをしなければならないのかという問いに対して，正しい行いがいかなる点で望ましいか，すなわちそうすることにいかなる意味があるかを示すことによっては，「私の行為決定が道徳に拘束されるのはなぜか」という問題に答えることはできない。ここからプリチャードは，義務の拘束性は望ましさを経由せずに直接知るほかないものであると結論する。すなわち，私がある人と約束を交わしたという事実から，その約束を守る義務を私は負っているということを直ちに知ることができ，私は他の人々と現に互いに危害を加えないことや真実を語ることを期待するような関係にあるという事実から，私は人に危害を加えたり嘘をついたりしてはいけないということを直ちに知ることができるといった具合に，私たちは自分がなさなければならないことを知る。道徳的義務を果たすかどうかを考えるとき，それに何か意味があるかを考えるのは，本来適切ではない。遵守する意味があるから正しい行いをするのなら，それは厳密にいえば，望ましさのために行為を決めているのであって，道徳的な正しさが持つ拘束性そのもののもとで行為を決めたことにはならないのだ。

・

道徳の内側と外側 ── 懐疑論

　プリチャードの議論は概ね正しく思われる。だが，やはり，道徳的義務に背く選択ができるとき，とりわけ道徳的に正しい行いが相当程度の犠牲を伴うときには，ほかの選択肢を捨ててでも正しい行いをすることに何の意味があるのかと問うてしまうのは自然である。そこからこの問いに対して，意味を示すことはできないのだから，道徳的義務は無根拠なものに過ぎず，その拘束性を無視しても構わないという道徳に対する懐疑的な主張も呼び込まれることになる。

　たしかに，「なぜそれをしなければならないの？」という問いには，着地点が用意されていないように見える。私たちは，現に道徳的義務を無視できてしまうので，道徳の領域に足を踏み入れるかどうかを選ぶことができると考えがちである。だからこそ，「義務を優先させる意味は何か」と問うのである。ところが，この問いを投げかける人が引き出せるのは，せいぜい「あなたはしかじかのことをすると約束すると述べただろう」というような答えだけである。それは「なぜそれをしなければならないのか」という問いをまともな問いとして理解するには，道徳から距離を置いた地点からの問いとしてではなく，道徳の領域のなかから問われたものと見なさなければならないからである。問いと答えとがそれぞれ異なる地点において述べられているせいで話が噛み合わず，これでは，「道徳の領域に入ろうかどうしようか，そうすることに何か意味があるならそうするけど……」と検討するモードにある人を満足させることはできない。

　対照的に，道徳の領域の内部から投げかけられたものとして理解するなら，プリチャードが述べているように，意味を示さずとも問いに答えることができる。たとえば，「どうして嘘をついてはいけないのか」と問う人は，嘘をついて金銭的な利益を得ることができるなら嘘をつくことにも意味があるのに，この意味を押し退けて本当のことを話さなければならないのはなぜなのかと尋ねているかもしれない。この質問者が，金銭的利益を追求するという意味ある選択肢を引っ込めなければならないと感じていて，実際そうするつもりであるものの，嘘をつかないことを要求される領域の内部に自分が立っているといえるのはなぜであるのかが分からないというのなら，質問者は周りの人と互いに偽りを述べないことを期待し合うような関係を結んでいるという事実を示すことが

適切な答えとなるだろう（この人は義務の領域に入るかどうか迷っているから「どうして」と尋ねているのではない）。しかし，この場合，道徳の外側と内側とを架橋するものがないことに不満が残るだろう。道徳の内側から義務の拘束力がどのように働くものであるかを考えていくことで十分とすることは，自分自身を外側に位置づけて意味を問う人にただ背を向けることになりかねない。

　だが，道徳性を気にかける意味を示せずとも，道徳性の外に立つことはできないのだと示すことはできるかもしれない。ここまでは，私たちはそうしようと思えば，一般的に道徳的義務と見なされているものを完全に無視して自分の振る舞いを決められるという想定で話を進めてきた。しかし，もしかするとこの想定は間違っていて，私たちがこの間違った想定をしてしまいがちなのは，義務そのものについて不十分にしか理解できていないからだといえるかもしれない。自分は道徳の外に立っているつもりでも，義務というものを正確に理解していないだけで，じつは，何をするかを決めたり，自分の行いや他人の行いの正当性を評価したりする際に，そうと気づかず自分や他人が負っている義務を考慮に入れているということは十分ありえる。

　実際，あることが義務であるということを正確に理解するのは簡単なことではない。たとえば，道徳的義務はたしかに要求的性格をしているが，このことがいかなることであるかを理解するのに，義務が私たちに「しなければいけない（してはいけない）感じ」を持たせるということに思いを巡らせれば十分，というわけにはいかない。道徳的義務に反したことをするのは間違っているといえるだろうが，この間違いがいかなる意味で重大なのかはそれほど明らかではないのである。目先の利益にとらわれて，後々になって苦労したり大損したりすることも何らかの意味で間違っているといえそうだが，人を騙して金をむしり取ることと同じレベルの間違いだと考える人はあまりいないだろう。だが，どちらの場合も，「それに反したら間違ったことをしていることになるような何らかの要求をされている感じ」がすることだろう。義務の特別な性格を，他のものから区別して捉えるには，別のアプローチが必要になる。

　プリチャードは，人々が本当のことを言うのを相互に期待し合う関係を結んでいることが，嘘をつかない義務を負うことの説明になると考えた。私が窮地に陥ったとき，誰かがコストを顧みずに親切にしてくれたなら，このことは私

とその人との間に特別な関係を作り出す。この関係について思いを馳せれば，私が恩を返さなければいけないことは一目瞭然となるかもしれない。あるいは配偶者同士という関係に思いを馳せるだけで，不貞行為をしてはいけないとか，相手の健康を気遣わなければならないといったことを直ちに把握できるかもしれない。彼は，私たちの普段の思考のあり方をつぶさに振り返ることを通して，このような見解に行き着いている。何をするかを決め，実行して，自分の行いを評価することや，他人の振る舞いを理解し，評価することは，私たちの日常の一部に過ぎない。しかし，その思考のあり方には義務がいかなるものであるかを正確に捉えるための手がかりが潜んでいる。プリチャードにならって，私たちの通常の思考を丁寧に描き出していけば，義務についてのさらなる理解が得られるかもしれない。たとえば，人間関係そのものについての私たちの理解のうちに義務の要素が含まれていて，そのような人間関係を誰かと結んでいる時点で私たちには何らかの義務が課されていると示す道も見えてくる。

2 | 取り除くことのできない規範性

理由を中心に規範性について議論する

　道徳的であることの意味を問うことを封じるような仕方で，義務について説明することを目指す哲学者たちは，現代では「理由」という語を中心に置いて議論をする傾向がある。そしてそのようなアプローチをとる人の多くは，自分たちの議論を道徳性の解明ではなく規範性の解明と呼ぶ。ここからは，その議論の一部を紹介し，おおよそのものではあるが理由との関係から道徳的義務というものを描出してみたい。

　さて，なぜ理由という概念に注目し，規範性を話題にするのかというと，それはまず，理由を抜きにして，現に日常的にしているような仕方で私たちが自分の行為を決めたり，他人の行為を理解したりすることはできないと考えられるからである（Scanlon 1998: 17-20）。また，価値があるもの，なすべきことは何かといったことについての私たちの意見は割れやすく，それに連動して何かに価値があるとはいかなることなのか，何かをなすべきとはいかなることなのかといった点についても論争的になってしまう。だが，理由に関してはそのよう

な心配がないとも考えられた（そのような見通しで議論が始まっただけで，後述するように理由概念の捉え方については意見の対立が見られる）。それ抜きにものごとを理解することができないもので，人によって捉え方にばらつきのないものを基本単位にすれば，要求が課されることのない外部に立つということが想像すらし難いものとして，道徳性を明瞭に説明できるかもしれない。

　規範性を問題にするのもこのことと関係している。たとえば，私が家電量販店で赤色の炊飯器を購入し，それに対して「なぜそうしたのか」と問われたとしよう。もしかすると，私はキッチンの他の調理器具との色合いのバランスがとれるからだと答えるかもしれないし，その日の星座占いで赤がラッキーカラーだと言われていたからと答えるかもしれないし，ブラウンやホワイトのものとは違って値下げをされていたからだと答えるかもしれない。私は購入を決める際に考慮に入れたことを答えているのだが，これこそが哲学者たちが問題にしている「理由」である。私は理由を答えることで，赤の炊飯器を買うということが何のためになされたことであるのかを示し，自分のしたことがどのようなことであるかを説明する。尋ねた側は，内心，あまり趣味が良くないなと思ったり，占いを信じるなんて馬鹿げていると思ったりするかもしれないが，答えを聞いて，あなたがしたことは衝動に任せてやみくもになされたことではなく，きちんと筋立てて理解できることなのだと了解するだろう。

　だが，行為が理解可能であることと，それが道徳的に正当化されるということは区別する必要がある。たとえば，もしこの炊飯器の製造元が労働者を搾取していたり，製造過程で生じる廃棄物を適切に処理していなかったりするなら，私のしたことは正当化できないかもしれない。私が理由として述べたものはどれも，多くの場合，それ単独では道徳の問題として取り扱われるものではない。しかし，どれも複数の選択肢の間で悩む私を，実際に私がとった選択肢へと（些細であるかもしれないが）方向づける力を持つ。理由が持つこの力は，自分の行為や他人の行為を理解するのに欠かせないものだが，道徳的な拘束力とは区別される。そのため，理由について議論していくにあたって，道徳性という言葉は使い勝手がよくない。そこで道徳性をも内包し，私たちのあり方を一定の方向に向かわせるもの全体を規範性と呼んでいるのである。

‥
「理由がある」とはどういうことか──理由の内在主義，外在主義

　一部の哲学者は，理由を中心概念として，私たちが何をするか決めたり，自分や他人の行為を理解したり，評価したりする営み全体を説明しようとしている。先ほど述べたように，その試みを支えているものの一つは，理由が最も基礎的で，理由があるとはいかなることであるかについて論者の間で同意をとりやすいという見込みであった。しかし，実際には，あるものが行為の説明となるとはいかなることであるかが（それが基礎的であるからこそかえって）抽象度が高い問題であることと，「なぜ」という問いの答えとなるものにはいくつかのバリエーションがあるということが相まって，理由がある（there is a reason）ということについては対立する見解が示されている。

　たとえば，多くの論者は，理由があるとは，その行為を支持する（count in favour of）何かがあるということだと述べる。これはほとんど，同語反復的な言い換えに過ぎないのだが，基礎的な概念は何かより小さい要素に分解するような説明をすることができないので，致し方ないこととして受け入れられることが多い。とはいえ，同語反復となることを恐れずにいろいろと似通った表現で言い換え，個別の事例についてよく考えてみることで，理由があるということがどういうことであるのかについての理解に至ることは可能である。

　そうした言い換えの一つとして，ガートルード・エリザベス・マーガレット・アンスコム（Gertrude Elizabeth Margaret Anscombe, 1919-2001）は，行為の理由とは，なされたことを理解可能（intelligible）にするものだと述べた。人がしたことを何をするものなのか理解するということは，なされたことが何か望ましいものに向けられたものであったのだと了解することである。理由は，なされたことの有益な側面や魅力的な側面を明らかにして，この理解を可能にする（アンスコム 2022）。本章では，望ましさは，あることをする意味を示すと述べてきたが，アンスコムの理由理解は，これと非常に近い。たとえば，電車に乗っていて向かいの人が急にあたふたと立ち上がったとしよう。「何事だろうか」と思って，ふと見ると大きな虫がいたなら，この人がしたことは虫を避けることだったと分かるだろう（電車のドアが今にも閉まりそうであったなら，この人のしたことは乗り過ごさないようにすることであったと理解されるだろう）。慌てた仕草

で立ち上がるということの意味（望ましい側面）が示され，それは虫を避けるという理由のためになされたことだと了解されるのである。

このような見解は理由の外在主義（Externalism of Reasons）と呼ばれる。外在主義に対しては，次のような反論がある（ウィリアムズ 2019）。あることをすることに何らかの望ましいポイントがあれば，そのことをする理由があるのなら，一切関心を向けていないことについても，私は理由を持つことになる。しかし，それは考え難い。もし私が，法律家になることに，それに伴うあらゆること（経済的に安定した生活を送ることなど）を含めて，まったく関心を持っていないのなら，つまり，法律家になっても私が望んでいることを叶えることにはまったくならないなら，私に法律家になる理由があるわけがない。ある行為をするように私を動機づけるものが一切ないなら，私が現実にその行為をしようという気持ちになって，実際に実行するということはありえないからだ。

理由が私の行為を説明するものであるなら，理由がある行為というのは私がそれをするように動機づけられるような行為でなければいけない。たとえば，小さな頃からゴーギャンのような画家になりたいと考えて必死に絵の勉強をしてきた人がおり，その人は法律家になることにもそれによって得られるものにも，まったく関心を向けてこなかったとする。とくに心境の変化があったわけでもないのに，そのような人が法律家になることを目指し始めたとしたら，私たちには何が起こっているのか分からないはずである。

このような考え方をする場合でも，やりたいことだけをすれば何でもいいということになるわけではない。私が安定した生活や社会的地位を望んでいるのに，法律家になるということがその望みを叶えるということに気づいていないせいで，この職業を選ぼうという気が起こらないのであれば，私は法律家になる理由があるのにそれに気づいていないということになる。

このような理由理解は理由の内在主義（Internalism about Reasons）と呼ばれる。この見解は道徳についての懐疑的主張に接近しやすい。内在主義によれば，自分が望んでいることを正確に把握し，それを叶えるには何が必要かについての正しい信念を持ち，実際にその手段を実行できている人は，理由にきちんと反応できていることになる。理由を規範性の基礎単位と考えるなら，この場合，その人がしていることを間違っているとか不適切であるということを指摘する

ための規範的な材料はまったくないということになる。だが，本章第1節でも見たように，道徳的義務は行為者の望むことと合致していなくてもしなければならないようなことである。したがって，仮に内在主義者が，要求的な性格を持つ規範的力がときに行為者に対して働くことを，整合的な仕方で説明できたとしても，それは本章で道徳的義務と呼んできたものの説明にはならない。

　また，理由についてのこれら二つの立場は，行為の説明という同じ言葉でそれぞれ別のものを指しているという指摘もある（パーフィット 2022: 282-296）。つまり，行為はいくつかの仕方で説明することができるのだから，内在主義者が考えているような仕方でも行為が説明できるからといって，外在主義者が想定するような行為の説明が不可能であることにはならないと考えることができる。

　たとえば，内在主義者による説明は，一人の人物のこれまでのあり方との連続性において行為を理解することが重要性を持つ場面などでは有益であるかもしれない。だが，この説明はあくまで因果的な枠組みにおいて行為を理解しているだけで，なされたことの意味を示すようなものにはならない。多くの場合，行為者の望んだことに言及することで，何がなされているのかが理解可能になるのは，行為者の欲求の対象に望ましいところを見出すことができるからである。何ら望ましいところがないようなことがなされたとして（私たちに思いつくのは，何がしたいのか意味不明の動作であるに違いない！），それについて行為者が実現したいと思ったことだからなされたのだと説明が与えられたとしても，それはせいぜい行為者の気まぐれだったのだと理解されるだけだろう。現実的に，私たちは自分の行いや他者の行いを意味あるものとして理解する眼差しを持っているし，そのような視点からなされる行為の説明を完全に取り除いてしまえば，私たちの日常は立ち行かなくなるだろう。

3｜理由の規範性から道徳性へ

　理由について検討するべきことはこれに尽きるわけではない。だが，なされたことを行為として理解可能にするものとしての理由がいかなるものであるかについて，必要最低限の解説はできたと思われる。最後に，義務の拘束力と理由の規範的力の関係について議論しよう。

　前節で示したように，理由概念は望ましさと結びつけて理解できる。この理由理解を採用すると，その外側に立てないようなものとして道徳性を説明するという目標は頓挫するかに見える。そもそも望ましさによって道徳性を捉えることができないから理由概念に注目したのに，理由があるということは望ましさの問題だというのでは，議論は一歩も進んでいないように思われるだろう。

　しかしながら，私たちは理由概念に注目したことで，望ましさについてのより厳密な理解ができるようになっている。私たちは他者の行いを見て，自分は同じことをする気には到底ならないとしても，それが何をしているものであるのかを理解することができる。私財を投げ打って，伝説の埋蔵金を掘り当てようとしている富豪に対して，自分ならもっと有効な金の使い道を思いつくのにと思いつつも，富豪のしていることは意味不明で何をしているのかさっぱり分からないと考えることはない。私たちは，いまや，望ましさや価値というものを，行いを理解可能にするものとして，あるいはそれに自分が惹きつけられるかどうかは関係なく考慮事項に数え上げるものとして捉えることができている。

　この理解をもとに，望ましさと義務の関係をもう一度考えてみよう。おそらく，多くの人は，ものを盗むことや訳もなく人を殴ることは，それ自体で悪い行いだと考えている。これらの行いは，他者の損害や苦痛につながるので，私たちはそれらを控える理由を持つ。また実行すれば，報復のリスクに晒されることも実行を控える理由になるだろう。だが，その一方でこれらの行いが，金銭的利益をはじめとする様々な恩恵を得ることにつながるなら，それをする理由があるといえる。私たちは，実行する理由と控える理由の両方を持っていることになるが，これらの理由のうち，いずれに反応したらいいだろうか。

　一つの考え方は，秤にかけるように理由を引き比べて，秤が傾いた方を選ぶというものである。つまり，すべての理由を考慮に入れて，重量比較をして何をするか決めるのである。しかし他方で，これらの行いについて冷静に理由を比較する人がいれば，その人はそもそも何か根本的な思い違いをしていると考えたくもなる。つまり，こういった場合には，実行する理由を考慮に入れ，実行しない理由と比較しようとすることがすでに間違っているようにも見える。盗人が盗みを支持する理由に言及しても，「そんなものは人のものを盗む理由にはならない」と言いたくならないだろうか。哲学者たちも，このような考え方

を重視しており，たとえばジョセフ・ラズ（Joseph Raz, 1939-2022）は，義務の
要求的な性格を説明するのは，それが私たちに義務違反となる行為をすること
を支持する理由を無視させることだとしている。つまり，他の状況であれば考
慮事項として取り扱われていいものが，義務が関わる場面では沈黙させられ，
考慮から除外させられるのである（Raz 1977）。

　では，このような理由の考量をする領域の外側に立つということは可能であ
ろうか。第1節の終わりで触れた，私たちが他者と結んでいる人間関係は，その
個別の関係に独特の義務を内在させており，その義務がいかなるものであるか
によって個別の人間関係がいかなるものであるかが理解されるというアイデア
を思い出そう。私たちが他者と結んでいる関係には，自分でそうすることを選
んで結ばれたものもあれば，そのような覚えのないものもある。一般的に私た
ちは隣人と特別な事情がなければ嘘をつかず，危害を加えないことを相互に期
待する関係を結んでいる。そのような関係は，ほとんどの人にとっては気づけ
ばそのなかにいたと表現するべきものであり，選択の対象ではない。そうして，
私たちが他者と接触する限り，何らかの関係を築いてしまうなら，いかなる義
務の領域にも属さず，道徳的であることの意味を問う地点に立つことはできな
い。少なくとも，一部の（そして非常に重大な）道徳的義務に関していえば，私
たちはすでに道徳の領域の内側にいる。そうである以上，道徳的であることは，
そうすることに意味があるから選ぶようなことではない。

参考文献

アンスコム，ガートルード・エリザベス・マーガレット　2022『インテンション——行
　　為と実践知の哲学』柏端達也訳，岩波書店。
ウィリアムズ，バーナード　2019「内的理由と外的理由」伊勢田哲治・江口聡・鶴田尚
　　美訳，『道徳的な運——哲学論集1973〜1980』勁草書房，33-65頁。
パーフィット，デレク　2022『重要なことについて』第2巻，森村進・奥野久美恵訳，勁
　　草書房。
Prichard, Harold Arthur 1912. Does Moral Philosophy Rest on a Mistake ? reprinted in
　　Moral Writings. Oxford University Press, 2002, pp. 7-20（プリチャード，ハロルド・アー
　　サー　1957「道徳哲学は誤りに基づいているか」小泉仰訳，『現代倫理学大系1』洋々社，

223-247頁）

Raz, Joseph 1977. Promises and obligations. In P. Hacker and J. Raz (eds.), *Law, Morality and Society*. Oxford University Press, pp. 210-228.

Scanlon, Thomas Michael 1998. *What We Owe to Each Other*. Harvard University Press.

Case Study | ケーススタディ 13

関係の外側にいる他者
海外援助の義務と理由

神崎宣次

　本章の最後で，我々は「他者と接触する限り，何らかの関係を築いてしまうなら，いかなる義務の領域にも属さず」いることはできない，すなわち気がついたらすでに道徳の内側にいるのだと論じられている。このような議論を読者が受け入れるかは分からないが，道徳というものが持っているように思われる（あるいは持っていることを我々が期待する）拘束性の一つの説明となっているのは確かだろう。

　ところで，この議論は道徳的義務の主体としての我々についての議論である。それに対してここでは道徳的義務の客体（対象）について考えたい。上の引用を素直に読む限り，我々が関係を持たない相手に対して道徳的義務の拘束を受けるのかどうかについては何も述べられていない。「一般的に私たちは隣人と特別な事情がなければ嘘をつかず，危害を加えないことを相互に期待する関係を結んでいる」としても，隣人ではない人々についても同じことがいえるかは（まだ）分からない。たとえば第3章のケーススタディで検討した，「外界との接触を長年絶っていたブラジル先住民部族の最後の生き残り」の例をもう一度考えてみよう。

　また，第2章のアクティブラーニングで海外援助の問題を検討したことも思い出してもらいたい。遠く離れた国に暮らす人々全般と我々は人間関係があるとはいえないように思われる。こうした人々は我々の道徳的義務の外側にいることになるのだろうか。たとえばピーター・シンガーであれば，あらゆる人の効用が平等に考慮されなければならないという功利主義的な要件は国境を越えて（関係の有無にも関係なく）適用されなければならないとして，支援対象国の人々も我々にとっての道徳的義務の対象であると論じるだろう。

　では，本章のような議論ではどうだろうか。本章の議論を拡張していけば，支援対象国の人々も含まれるように義務の対象を（理論的に大きな無理なく）拡

大できて，海外援助の必要性を道徳的義務として説明することもできるだろうか。また何らかの関係を想定することによって関係を拡大できたとして，海外援助は本章の最後でいうところの「一部の，そして非常に重大な」道徳的義務に含まれるだろうか。言い換えれば，我々は海外援助の意味を問うだろうか。考えてみよう。

　同様に，将来世代の人々についても検討してみよう。いまだ存在すらしていない「人々」に対して我々が持つ「関係」は，本論で論じられたような義務の拘束力を生じさせるものといえるだろうか。また，「関係」をどのように考えれば，そういえることになるだろうか。

　もしかすると，本章の義務の捉え方によれば，「空間的・時間的に隔てられた地点に存在する人の利益を促進する理由はあるが，義務はない」ということになるかもしれない。しかしその場合でも，私たちが実際，日常においてどれほどそれらの人々の利益を気にかけて自分の行為を決めるべきかは明らかにはされていない。この点についても検討してみよう。

Active Learning │ アクティブラーニング 13

Q.1

「道徳的義務にかなう行い」とは?

本章の第一節に出てくるプリチャードによる指摘を第10章の「適法性と道徳性」の節における議論と比較してみよう。

Q.2

道徳性と規範性の違いは?

本章では規範性を「私たちのあり方を一定の方向に向かわせるもの」であり，道徳性を含むものと説明している。では道徳性以外の規範性にはどのようなものが考えられるだろうか。本章以前の章を読み直して，確認してみよう。

Q.3

この本を読んでいる理由は?

本章では理由について，外在主義と内在主義という二つの立場が説明された。あなたがこの本をいま読んでいる理由をそれぞれの立場に合致する仕方で説明してみよう。

Q.4

「ほとんどの人」とは異なる人は存在するのか

本章の最後で，「ほとんどの人は」義務の領域に属さないでいることはできないとされている。では例外となる人がいるとすれば，どのような人だろうか。そして，そのような人は普通じゃないということになるのだろうか。本章の冒頭で扱われているＦの例を読み直したうえで，考えてみよう。

第14章

倫理学と実証研究
倫理学は「何でもあり」か

———

鈴木　真

　本書を読み進んできて，倫理（学）には様々な立場があることに気づいただろう。物理学などの経験科学と違って，どの立場が正しいかが示されて，知識の体系が築かれているというよりは，根本的なところで意見の対立がやまないように見えるだろう。こうした印象が完全に間違っているわけではないが，倫理（学）も何でもありというわけではない。たとえば，あなたが教員に嘘をついて授業を休んでよいか考えているとき，①「嘘をついてはいけない」が，同時に②「私はあの教員には嘘をついてよい」と判断したら，論理的に矛盾しているから，どちらかの判断を捨てなければならない。また，あなたが「私はあの子のものをとってよいけど，あの子は私のものをとってはだめだ。私は私で，あの子はあの子だから」と，どこかの漫画のキャラのような判断をするなら，厳密にいうと矛盾はしていないが，ダブルスタンダードという非難は免れない。倫理（学）には，整合的な説明の要求と実践可能性の要請が課せられている。そしてこれは，実証研究が倫理学に対して一定の関連性を持つことも示唆している。実証研究は，私たちの倫理判断が整合的な理由に基づいていないことを示したり，その実行が難しいことを示したりすることが可能だからである。

KEYWORDS　#倫理学の方法　#直観　#思考実験　#実験哲学　#道徳心理学

1│直観, 思考実験, 実験哲学

・

倫理（学）における説明要求と直観

　先に述べた「ダブルスタンダード（二重基準）だ」という批判は，倫理判断は，何らかの共有できる理由に基づいていなければならないという説明要求に基づいている。誰か二人の人やどれか二つの事態について倫理的に違う評価や扱いをする際には，そうする一般的な根拠を示せというわけである。倫理判断が矛盾してはいけないという条件も合わせ，私たちの諸々の倫理判断は，全体として整合的で共有可能な理屈に基づくことが求められている。

　さらに，倫理判断には一定の実践可能性の要求が課される。たとえば，誰かが「温暖化ガスを出すことはいかなる場合にもすべきでない」と判断したとしよう。これは理想だろうが，実際に従いうるかというと無理だろう。人は呼吸するだけでCO_2を排出しており，これは温暖化ガスなのだ。こういう無理なことをいっても仕方がないので，実行可能な倫理判断が求められることになる。

　倫理（学）における説明要求について掘り下げてみよう。あなたは，先の①の判断は，じつは①'「自分に都合が悪いときを除いて，嘘をついてはいけない」ということだとして，矛盾を避けることはできる。だが説明要請により，自分の判断にそうした但し書きをつける共有可能な理由（論拠）がなければいけないし，その理由や①'自体が③「人の信頼を裏切るのはよくない」のようなあなたが持つ他の判断とも矛盾のないようにしなければならない。この矛盾がないという条件は，④「現実には常に信頼を損なうことなく嘘をつくことはできない」から，満たすことが難しい。最後の④が考慮に入ってくる仕方を見ていると分かるように，倫理における整合的な説明の要請は，実践可能性の条件とペアになって，それなりに厳しい条件を我々の倫理的思考に課してくる。

　前段の話のなかで，何が「共有可能な」理由と呼べるのかが気になった人もいるだろう。これは根本的には，⑦福利（幸福と不幸）や，自由・自律，公平性などの倫理の基礎となるような価値ないし規準か，④事例に倫理判断が適用された場合の結果の評価である。もちろん，何が倫理の基礎となるような価値ないし規準なのか，事例についてのいかなる評価が倫理判断の理由となるのかと

いうことは，問題となる。この判定は，ある程度，直観に依存するようにみえる。

「直観」とは，意識的な推論に基づく意見とは異なりうる，自動的な応答のことだ。直観には，⑦に関わる一般的な直観と①の事例についての直観がある。

直観への依存は，必ずしも倫理学が主観的で恣意的なものだということを示すわけではない。倫理学外の事柄になるが，たとえば，何が（日常的な意味における）谷であるかという問いに回答するには，どうするだろうか。周りの地面より低くなっている場所であって，いずれかの方向に尖った形をしているものであるという一般的な規準についての直観か，各事例（谷の候補）に関してそれを「谷」と呼ぶかどうかについての直観か，どちらかにある程度頼らずに答えるのは難しいだろう。とはいえ何が谷で何が谷でないかについての答えが完全に主観的で恣意的だということにはならない。同様に，倫理についての判断が一定程度直観に依存していても，その答えの客観性は必ずしも損なわれない。

本書で扱った倫理学の立場の多くは，広く共有された直観にある程度依拠しているように見える。たとえば，何が倫理的に適切で何がそうでないかという点についての理論を考えてみよう。功利主義は，倫理においては各関係者の幸福や不幸が根本的に大事であり，実践可能な選択肢のうちどれが公平に見て最もその点でプラスになるかということが規準だという直観に基づいているようだ。義務論にはいろいろあるが，カント流のものについては，個々人は理性的に自律できる存在として等しく無比の価値を持ち，その自律を発揮したら自ら受け入れるはずの原理こそが倫理規準だという，一種の自己決定についての直観に基づいているようだ。徳倫理も多様だが，西洋古代の伝統を引くものは，倫理とは充実した生を実現するものであり，それは自分の資質を調和的に発展させ発揮することにあるという直観に基づいているといえるかもしれない。規範倫理学の営みの大部分は，こうした一般的な直観を，先に見た整合的な説明要請や実践可能性の条件を充たす形で包括的に展開したうえで，事例についての直観によってテストする試みと捉えられる（倫理理論の評価には，倫理的な行為者の振る舞いの説明に使えるかとか，利害の社会的調整に役立つ公的な正当化と批判の基準を提示できるかといった点も関係しうるが，以下ではこれらに論及しない）。

この事例についての直観によるチェックには，架空の事例が使われることが

多い。というのも現実の事例の多くは，Ⓐ直観的にもっともらしい答えが明確で，しかも有力な倫理学説の与える答えが相異なるため，一方の説より他方を選ぶ理由になる，という都合のよいものではないからだ。つまり，Ⓑ直観的にもっともらしい答えが明確ではないか，Ⓒそうした答えは明らかだが，その答えはどの有力な倫理学説でも肯定されるか，のどちらかなのである。

　たとえば，現実の倫理問題の例として，凶悪犯に対する死刑があるが，その是非についての人々の直観は明快ではない。また，ただむしゃくしゃしたから近くにいた人を殴るといった倫理問題の事例は現実によく発生し，これは明らかに不適切だが，そういう判定をしない有力な倫理学説はない（この行為を適切だというような説は，そもそも有力な説として残れない）。Ⓐのようなケースを現実に作り出そうとしたら，倫理的に不正な行為をする必要がある場合が多いため（これ以降，様々な事例が出てくるので，それを現実にすることを考えてみてほしい），調整された架空の事例に対する直観に訴えることが多くなる。とはいえ以下でも見るように，架空の事例でも人々の直観が割れることはある。

・

倫理学における思考実験

　架空の事例を想像して，その場合どうなるかを考える営みは「思考実験」と呼ばれる。倫理学における思考実験の事例の記述を二つ挙げてみよう。

トロリー（スイッチ）

線路上にいる5人に向かってトロリー列車が暴走していて，このままでは全員がひき殺される。あなたのそばには転轍機があり，5人を救う唯一の方法は，転轍機で線路をスイッチして，別の線路に列車を引き込むことだ。だがこの別の線路にも1人の人がいて，その人がひき殺されることは避けられない。線路をスイッチするのは適切だろうか。　　　　　　　　　　　　　　　　　　　（Thomson 1976: 207）

経験機械

あなたが望むどんな経験でも与えてくれる経験機械がある。偉大な小説を書いている，友人をつくっているなどとあなたが考えたり感じたりするようにできる。その経験が現実を反映していないということに，あなたは全然気づかない（現実

には，あなたはずっと脳に電極を取り付けられて，水槽のなかで漂っている）。あなた
は，人生の諸経験をプログラムしたうえで，この機械に一生つながれることを，
望むだろうか。　　　　　　　　　　　　　　　　　　　　（ノージック 1998：67-68）

　二つの例を前にして，あなたは自分がいつも前提していたのと違う見解を抱
いたかもしれない。トロリーでは，人を殺すことはいけないのは当然だと思っ
ていたにもかかわらず，スイッチを入れて1人を殺すのはやむをえないと回答し
たかもしれない。経験機械では，心にあることだけが自分にとっては大事なの
だと見なしていたにもかかわらず，心のなかのことだけなら遥に望ましいはず
の経験機械につながれるということをしないと回答したかもしれない。
　こうした直観も私たちの見解には違いないから，整合的な説明の要請に応え
るには，通常抱いている意見と事例についての直観との両方をふまえて，いか
なる倫理判断を採用すべきかが問われる。思考実験は，潜在的な直観を明示的
に引き出すための手段として，哲学でよく用いられてきた。トロリーは行為の
倫理的な適切さ（許容可能性）についての直観を問う思考実験であり，経験機械
は福利（幸福と不幸）についての直観を問う思考実験である。
　20世紀を通じて，規範倫理学は思考実験を用いて人々の直観に訴える形で議
論を進めていた。だが論争に決着はつかなかった。事例についての直観は，人々
の間で共有されているのだろうか。それが人々の間で異なる（同じ）場合には，
なぜ異なる（同じな）のだろうか。倫理学でもそれ以外の哲学分野でも，同様
の疑問を持つ人たちは従来から多くいた。こうした問いを一部の哲学者が自ら
実際に経験的に調べようとしだしたのが，21世紀の「実験哲学」という新しい
動きであった。トロリーと経験機械についてこの研究を覗いてみよう。

2｜実験哲学による検討

トロリーと経験機械における直観の検討

　トロリー（スイッチ）は，殺すことと死ぬに任せることの違いによって行為の
適切さが異なるとする理論を批判するために持ち出された。スイッチを入れる
のは人を殺すことになるが（この点は後で検討する），それでも5人を救うためな

ら1人を殺すことになっても仕方がないという直観を持つ，という理解である。

　実際に調べると，たしかに多くの人は上述の回答傾向を示すことが明らかになった（トロリー事例についての実証的検討についてのまとめとして，太田（2016），鈴木（2020），グリーン（2015）を参照）。しかし，一部の人はスイッチを入れることにそれでも反対する。直観が割れているように見えるわけである。

　ここで一部の人たちの直観がおかしいのか，それともどちらの直観にも瑕疵はないのか，というのは，人々の回答だけを見ても分からない。一つの方途は，どちらの直観の方が，人々が持っている他の倫理判断をふまえると，整合的な説明の要請との適合において優っているかを考えることである。

　だがもう一つの方途は，回答のどちらかが，認知能力の欠陥やバイアス，環境上の認知的不利などによって引き起こされていないかどうか実証的に検討してみることである。以下，後者のアプローチを見てみよう。

　トロリーの別バージョンでは，犠牲になる1人は別の線路にいるのではなく，線路にかかる歩道橋の上にいる。あなたが5人の命を救うには，その体の大きな男性を突き落として列車の障害物にするしかない（あなたが落ちるのでは列車は止められない）。この場合，その男性を殺すことになり，多くの人は手で突き落とすことは許容できないと見なす。ところが，その男性を突き落とす方法が，棒で落とすことになると，突き落とすことを許容する回答が増え，その棒が長くなって遠くから落とすことになるにつれて，その回答が増加する。

　この回答傾向をふまえると，殺すことの方が死ぬに任せることよりも悪いといわれるときに直観を駆動しているのは，その区別自体ではなく物理的距離ではないかと見えてくる。そしてもしそうなら，物理的距離自体は倫理的に重要な理由に見えないので，殺すことの方が死ぬに任せることよりも悪いという見解は維持できないように見える（目の前の人を自分が持った銃で射殺するのと，何キロも離れた所にいる人をドローンで射殺するのは，心理的な抵抗は違うかもしれないが，後者の方が倫理的にましだということにはならないと思われる）。

　グリーンの研究チームは，トロリーのように，5人を救うには1人を犠牲にしなければならないような，道徳上の厳しい決定を求められる事例に関して，人々の反応だけでなく，その背後にある判断プロセスも脳画像研究の手法を使って調べている。グリーンは1人を犠牲にする行為を適切だと回答する人は倫理に関

連のある情報を処理する脳過程を使っているが，適切ではないと回答する人は
それと対抗的な，倫理に関連しない情報に関わる脳過程を使っていると指摘し，
前者の判断傾向の方が正確さを信頼できるとする。彼は前者の判断傾向を功利
主義，後者の判断傾向を義務論と結びつけて，功利主義的判断傾向の方が義務
論的判断傾向より信頼できると論じる（グリーン 2015）。
　このように，倫理学には実証研究の結果が関係を持つ。ただし，その関係性
に倫理的な議論の余地があるのは確かである。たとえば，物理的距離の長短は
倫理的な重要性を持つ事実ではない，という主張は一定の倫理的見解に基づく。
　倫理判断が，倫理に固有ではない一般的な認知のバイアスや，環境条件の違
いなどによって左右されている場合は，その判断は疑わしい，と特定の倫理的
見解に基づかずにいえそうに思われる。経験機械の事例で見てみよう。この例
を提示したノージックの期待通り，多くの人が経験機械につながりたくないと
いう回答をする。この結果は，究極的には快だけが幸福の構成要素であり，苦
だけが不幸の構成要素であるという快楽説のような，個人の幸福・不幸はすべ
て最終的には心の問題であるという説に対する批判の根拠となりそうである。
だが実験哲学研究では，この回答傾向は，現状維持バイアスや過剰な損失回避
傾向という，倫理学に固有でない，一般的な心理バイアスによって引き起こさ
れることが示唆されている。こうしたバイアスを取り除くように設計された思
考実験では，経験機械につながりたくないという回答はかなり減るのである
（Weijers 2014）。こうした知見は，経験機械につながらないという回答傾向が，
快楽説を退ける根拠といえるかどうかに疑いを投げかける。この懐疑的結論に
至るには，特定の倫理的見解は要らなそうに見える。ただ，心理バイアスは倫
理学でも直観を歪める，といった倫理的な直観の信頼性に関わる主張はするこ
とになる。

倫理的判断の根拠となる区別の検討

　なお実験哲学の知見は，倫理判断そのものよりも，その根拠となる区別に疑
問を付すことも多い。作為と不作為，殺すことと死ぬに任せることの区別につ
いていえば，もともとこれらの区別自体が曖昧であり，人々の倫理判断によっ
て揺らぐのではないかという疑いは存在した。たとえば，トロリー（スイッチ）

の事例で，とくにスイッチを切り替えることに同意する人々のなかには，これは作為でも殺すことでもないと言いたい人も多いだろう。より現実的な話として，安楽死の場合で考えてみよう。薬物を致死量注射することは殺すことで，初めから延命治療をしないのは不作為で死ぬに任せることのように見える。では，延命治療を始めておいて途中で中止すること——栄養チューブや人工呼吸器等々の生命維持装置を外したり止めたりすること——は，作為で殺しているのか，不作為で死ぬに任しているのか。実験哲学の強みは，こうした疑いを検証でき，しかも以前は区別が疑われていなかった事例まで追究できることである。

　実際に調べると（Rodríguez-Arias et al. 2020），終末期の事例において，患者が同意していれば，薬物の致死量注射であれ，治療の中止であれ，そもそも治療をしないということであれ，医者がすることは患者の死の原因でないと見なされ，医者は殺していないといわれる傾向がある。他方で患者が同意していなければ，医者が何をしていようと患者の死の原因であると見なされ，医者は殺しているといわれる傾向が強まる。このことは，少なくとも通常の用法では，作為と不作為，殺すことと死ぬに任せることの区別は，行為の倫理評価の根拠というより，人々の倫理的見解によって後付けされるものだと示唆している。

　私たちの因果判断とそれに関わる区別が，倫理的評価の根拠となるというよりもそれを前提として後付けされるという知見は，ノーブ効果と呼ばれる，実験哲学で発見された強固な傾向によっても示唆される。有名な事例をみよう。

　　ある会社の副社長が会長の所へ行き，「新たなプロジェクトを初めようと考えています。それは会社の収益を増加させますが，環境に害を与えることにもなります」と言った。会長は答えて，「環境に害を与えることなど知ったことじゃない。私はただできるだけ多くの収益を上げたいだけだ。その新プロジェクトを始めよう」と言った。彼らは新しいプロジェクトを始めた。予想通り，環境は害を受けた。
　　　　　　　　　　　　　　　　　　　　　　（Knobe（2003：191）から訳して引用）

　会長が意図的に環境を害したかどうかを実験参加者に聞くと，大多数（82%）が肯定の回答を選ぶ。だが，上の文章における二箇所の「害（harm）」を「益（help）」に変えただけ（他の部分は同じ）で，大部分（77%）が今度は否定（意図

的には益していない）の回答を選ぶ。

　何が意図した結果で何が副次的結果かという因果関係にまつわる判断が，結果のよしあしの評価によって左右されるというこの現象は，たとえば二重結果の原理という義務論的立場に疑いを投げかける。二重結果の原理は，大まかにいうと，わるいことを意図して生み出すことは許されないが，わるいことを単に副次的結果として生み出すことは場合によっては許される，という立場である。これは倫理的評価を，意図して生み出すことと，単に副次的効果として生み出すこと，という区別に基づかせることになる。しかし上記のノーブ効果をふまえると，この区別自体が結果の価値評価によって左右されるのであり，評価を基礎づける独立の根拠となりうるかどうかは疑わしい。

　なお二重結果の原理を採用せず，意図的に生み出された結果と副次的効果の区別は，<u>行為の許容可能性</u>ではなく，結果に対する<u>行為者の責任</u>だけに関わると考える人も多い。しかしノーブ効果は，そうした責任についての見解にも重大な懸念を提起している（ノーブ効果についてより詳しくは笠木（2020）を参照）。

　実験哲学によって確認されたのは，諸々の事例について，人々の間で直観がどれほど共有されているか，そしてなぜ違いや共通性が生じるのか，といった点については，実証的に調べてみないと確定し難いということである。そして直観とその要因に関する経験的知見は，潜在的に重大な倫理的な含意を持つ。

3｜実証研究と倫理の探究

...

哲学外の実証研究の知見とその含意

　事例に関わる直観の話から，倫理的評価の根拠の話に進み，いずれについても実験哲学の知見が関連していることを示した。哲学の外で行われてきた道徳心理学を中心とする実証研究のなかにも，倫理学と関わるものが多くある。

　たとえば，選択肢，すなわち行為や政策の，実行に伴う結果についての知見がある。有力な倫理学説は，選択肢の影響を考慮に入れる。カント主義的な義務論では，当該の選択肢，たとえば嘘をつくことが，関係者の自律あるいはその効率的な行使にどう影響を与えるのかということは重大事である。徳倫理でも，徳がある人は当然人々への影響を気にするだろうから，それに関わる知見

は有徳な仕方で状況把握し振る舞うにはどうしたらよいかということに関係がある。功利主義では福利への影響が重要である。たとえば近年の，実証的な知見をふまえて効果的な援助を行おうという「効果的な利他主義」の理論と運動は（マッカスキル 2018），功利主義的理念に基づいている。このように有力な倫理学説では，たとえば除草剤や殺虫剤の使用の危険を示したり，教育による経済格差の再生産を示したり，温暖化ガス排出による気候変動とその結果を示したりすることは，我々が為すべきことに影響しうる。こうした選択肢の帰結に関する実証研究は，論争の的になりやすいが，倫理評価にとって重要である。

　生命・医療倫理，脳倫理，環境倫理，食農倫理，工学倫理，援助の倫理といった応用倫理学の諸分野は，新しい科学的知見やその利用法が現れ，我々の選択とその帰結の展望が拓けてきたことによって，倫理規範の探究が進んだ面がある。こうした応用倫理研究から，従来の価値観や倫理観の反省も生じている。

　また前節では，事例に関する直観の経験的検討が焦点になっていたが，一般的な価値や規準についての直観にも実証研究は関わる。たとえば，人々が様々な場面において一貫した性格を持つという常識的な考え方については懸念が示され，人々の行為の決定要因としてはこうした性格などの内面的要因よりも環境要因の方が重要ではないかということが示唆されてきた（立花（2016）の検討を参照）。我々が他者の行為の決定要因を考える際には，内面的要因を過度に重視してしまう傾向があるとも指摘されている（唐沢 2017：とくに第3章）。

　こうした指摘が正しいなら，たとえば，伝統的な徳倫理において性格としての徳の形成に強調が置かれてきたことに疑問符がつくかもしれないし，伝統的なリベラリズムの思想の内にあった教育万能主義的傾向も訂正される必要があるかもしれない。人々が適切な行為をとること，さらには適切な思考過程（たとえば，共感）をたどることを重視するなら，環境を整えることを重視した方がよいかもしれないのだ。行動経済学の知見に基づいて，環境条件を操作することで人々の無意識のバイアスに訴えかけて，人々がよりましな選択肢を選ぶよう促すというナッジの発想とそれを正当化する原理（リバタリアン・パターナリズム）の検討は，実証研究が倫理学の議論に影響を及ぼしている例である（たとえば那須・橋本（2020）を参照）。

　また我々が人々の判断や行為の環境要因を軽視しがちなことは，帰責の判断

と実践を歪めている可能性がある。たとえば，私たちが誰かを環境要因に応じて無意識に差別することがあると示されたとき，意識的な偏見や差別する意図の有無で差別の正・不正や責任の有無を判断するという立場の適用には懸念が生じるだろう（偏見と差別に関する実証研究については北村・唐沢（2018）を参照）。

　なお環境要因が無意識に私たちの意志決定と行為に影響を与えるという知見は，私たちにどのような意味における自律が実現できるのかという点に関わる。そしてこの点は，最終的には，自律・自己決定が持つと従来みなされていた価値が本当にあるのかどうかという論点に影響を及ぼす。個人の自律に関する伝統的な概念や理論が他者を含む環境要因からの独立を強調してきたことについての懸念の根拠は，一部にはこうした実証研究に見出される。実証研究による人間観・自己観の見直しは，規範倫理の基本を問い直すことにもつながりうる。

　また，様々な時代や社会を横断して支持されている倫理判断や，科学的な知見の蓄積とその伝播によって一律に広まっていく倫理判断があれば，その判断が支持する一般的な価値や規準はもっともらしい。そうした判断があるかどうかは実証的に調査可能な問題だが，たとえば無実の人を単なる自己都合で傷つけてはいけないとか，皆が肌の色や文化や性別にかかわらず公平に扱われるべきだといった判断は，有力な候補である（幼少時からの危害と公平性の重大視については，たとえば長谷川（2018：第2-3章），倫理的に平等な考慮が向けられる対象が人類史において次第に拡大していることについてはピンカー（2015）を参照）。

　最後に，倫理の実践可能性の条件と実証研究の関係について触れる。確認すると，設定される目標は実現可能でなくてはならないとか，推奨される選択肢は遂行できなければならないというのが，実践可能性の条件である。先に触れた行為者性や性格に関する経験的問題から，私たちが掲げられた自律や徳に手が届かないことが示されたら，そのまま自分たちの実現すべき目的として維持するのは難しい。また，人々がある選択肢の存在を認識できないとか，その選択肢を正当化する理由を認識できないとか，その選択肢を実施する動機づけを持てないとかいうことが分かったら，その人にその選択肢を実施することを勧めることは——その選択肢の存在や論拠を伝えたり，その動機づけを外から提供したりするということができないなら——無意味だろう。

　そこで，実証研究によって人間の認知や動機づけや企図遂行の条件が明らか

になると，実践可能性の条件から倫理的見解に対して影響が生じうる。たとえば経験則として，新規な技術の応用や工業製品については，予見できない正負の副次的効果の可能性を0にはできない。これは，ゼロリスクの選択肢をとることが実践不可能だということだから，それを倫理的に勧告するのは無理だ。安全性を高める努力を企業や技術者に求めるだけでなく，期待される利益と相対的にいかなるリスクなら許容可能か——許容できなければその技術を導入しない——，リスクに対していかなる予防措置（意図して防御措置に重複や余分を持たせたり安全基準を高く設定したりする）をとるか，危険が実現したときどのように補償を含む対応をするか，リスクの分配の不平等（利益を受けない人や危険を回避する手立ての乏しい人にリスクが及んだり，リスクが一部の人に偏ったりする）についてどう対応するかなどについても，体系的に経験的知見をふまえて決められる倫理的立場が望ましかろう（たとえば戸田山（2011：第2部）を参照）。ほかにもたとえば，私たちに利他行動が（いかなる仕方で）可能かに関する実証研究は，選択肢の幅と為すべきことに関わる（バトソン2012：とくに第9章）。

・・・
実証研究をふまえた倫理の探究

ここまでの記述において，実証的な知見が正確に理解されたなら倫理的な見解に対してどのような変化をもたらすはずなのかということについては，断定をしてこなかった。それは多くの場合，私たちが持っている倫理的な判断や直観の総体をふまえ，それらのうちのどれを信頼すべきかを経験的な知見をもとに考えながら，整合的な説明の要請や実践可能性の条件のもとで検討を続けることでしか判明しない。だから倫理学では意見の相違の余地が多分に残されていて，物理学のように知識の積み重ね型のテキストが出ることはない。

しかし，あなたが倫理的に振る舞う理由を持っており，倫理（学）を真剣に実践しようとするなら，「何でもあり」とはならず，本書で提示された倫理的立場——それらは多くの現実の事例についてだいたい同じ結論を出す——に近いものに導かれ，そのうちでどれが最も適切なのかを実証研究もふまえてさらに検討することになろう。本書を閉じる前に，私たちは本当に倫理的に生きる理由を持っているのかという前章の重大な問いも念頭に置きつつ，自分の思考と行為，倫理（学），経験的な事実の三つの関係を反省してみるのがお勧めである。

参考文献
―

太田紘史　2016「道徳直観は信頼不可能なのか」太田紘史編『モラル・サイコロジー――心と行動から探る倫理学』春秋社，219-269頁。

笠木雅史　2020「行為の実験哲学」鈴木貴之編『実験哲学入門』勁草書房，89-114頁。

唐沢かおり　2017『なぜ心を読みすぎるのか』東京大学出版会。

北村英哉・唐沢穣編　2018『偏見や差別はなぜ起こる？』ちとせプレス。

グリーン，ジョシュア・D　2015『モラル・トライブズ――共存の道徳哲学へ』上・下，竹田円訳，岩波書店。

鈴木真　2020「道徳の実験哲学1　規範倫理学」鈴木貴之編『実験哲学入門』勁草書房，115-137頁。

立花幸司　2016「徳と状況」太田紘史編『モラル・サイコロジー――心と行動から探る倫理学』春秋社，373-411頁。

戸田山和久　2011『「科学的思考」のレッスン――学校では教えてくれないサイエンス』NTT出版。

那須耕介・橋本努編　2020『ナッジ!?――自由でおせっかいなリバタリアン・パターナリズム』勁草書房。

ノージック，ロバート　1998『アナーキー・国家・ユートピア――国家の正当性とその限界』嶋津格訳，木鐸社。

長谷川真里　2018『子どもは善悪をどのように理解するのか？』ちとせプレス。

バトソン，チャールズ・ダニエル　2012『利他性の人間学――実験社会心理学からの回答』菊池章夫・二宮克美訳，新曜社。

ピンカー，スティーブン　2015『暴力の人類史』上・下，幾島幸子・塩原通緒訳，青土社。

マッカスキル，ウィリアム　2018『〈効果的な利他主義〉宣言――慈善活動への科学的アプローチ』千葉敏生訳，みすず書房。

Knobe, Joshua 2003. Intentional action and side effects in ordinary language. *Analysis* 64 (2): 181-187.

Rodríguez-Arias, David, Blanca Rodríguez López, Anibal Monasterio-Astobiza, and Ivar R Hannikainen 2020. How do people use 'killing', 'letting die' and related bioethical concepts? *Bioethics* 34 (5): 509-518.

Thomson, Judith 1976. Killing, letting die, and the trolley problem. *The Monist* 59: 204-217.

Weijers, Dan 2014. Nozick's experience machine is dead, long live the experience machine! *Philosophical Psychology* 27: 513-535.

Case Study | ケーススタディ 14

アンケートは倫理学の役に立つか
自動運転のアルゴリズムのケース

神崎宣次

長いつきあい

　本章で解説された実験哲学に加えて，脳神経倫理学などの分野でも，社会心理学や脳神経科学の研究手法により得られた実証的証拠が，倫理学を含めた哲学の議論で活用されている。これらは比較的最近の研究動向であるが，哲学の歴史を振り返れば人間心理に関する観察が古くから議論の重要な部分を担ってきたことが分かる。快を求める心理，性格特性や人格としての徳，共感など，読者にはここまでの章を読み返して，様々な論者たちが人間心理に関する情報をどのように自分の理論を構築するうえで用いてきたかを確認してみてもらいたい。心理学は倫理学にとって新しい友人ではないのである。

倫理学の研究に心理学の手法を導入することへの批判

　友人からの忠告は自分の意見や判断を補正するための重要な情報源と見なされてきた。心理学は倫理学にとって（いつでも）信頼できる友人だろうか。

　鈴木貴之（2020）は実験哲学に対する一般的な批判として次の三つを挙げている。①倫理学を含む哲学における事例の役割を否定するもの，②実験哲学の結果には解釈の余地があり，そこからただちに結論を導くことはできないとするもの，③多くの実験哲学では一般人，たとえば大学学部生を調査対象としているが，哲学についての体系的な教育や知識を持たない一般人の直観を調査しても哲学の問題についての分析には役立たないとするもの。鈴木はこれらの批判を検討したうえで，いずれも実験哲学研究の意義を否定するものではないとしている。その議論をここで説明している余裕はないが，③に関してだけ触れておきたい。道徳判断は倫理学の専門家だけが下すのではなく，誰もが日常的に行っているものである。したがって，道徳に関わる問題を検討するにあたって倫理学者の直観の方が信頼できるという論拠が示されるのでなければ，倫理

学者の直観だけが重要なデータになると特別視する理由はないように思われる。

トロリー事例

　しかしながら，この点について唐沢（2020）は同じ本のなかで，社会心理学者の立場から心理学研究と実験哲学研究の目的の違いを指摘し，倫理学を含む哲学の目的を達成するうえで実験哲学には「なぜ人に尋ねた結果が必要とされるのか，この説明責任は残る」としている。これは重要な論点である。たとえば，ある倫理問題について人々が「どう思うか」を調べることは，その問題が「どう扱われるべきか」を倫理学的に考えるうえでどのように役に立つのだろうか。

　本章でも言及されているトロリー事例についての実験を考えてみよう。アンケートへの人々の回答を得ることは，自動運転車が何らかの交通事故を引き起こさざるをえない状況に陥った状況でいくつかの選択肢から判断を行うアルゴリズム設計問題への倫理的回答につながるだろうか。考えてみよう。

参考文献
—

鈴木貴之　2020「成果と展望」鈴木貴之編『実験哲学入門』勁草書房，177-196頁。
唐沢かおり　2020「社会心理学から見た実験哲学」鈴木貴之編『実験哲学入門』勁草書房，155-175頁。

Active Learning | アクティブラーニング 14

Q.1

倫理学における思考実験

本章以外の章でも思考実験が取り上げられている箇所がある。どのような思考実験がどのような目的で用いられているかを確認してみよう。また，本章では触れられていない倫理学における思考実験も探してみよう。

Q.2

トロリー事例

本章では「トロリー（スイッチ）は，殺すことと死ぬに任せることの違いによって行為の正しさが異なるとする理論を批判する」議論のための思考実験であったと説明されている。このもとの議論がどのようなものであったかを調べてみよう。

Q.3

一貫した性格としての徳に対する疑念

第2節では，心理学の実証的証拠によって行動に対する環境要因の重要性が示唆されており，このことは徳倫理学に対する疑念を生じさせると論じられている。第1章の新アリストテレス主義に関する節を見直したうえで，環境要因によって行動が左右される実験の例を社会心理学や環境心理学から探してみよう。

Q.4

行動経済学とナッジ

ナッジの実例にはどのようなものがあるか調べてみよう。

事項索引

＊「意見」「意味」「顔」「関係／関係性」「行為」「個別／個別性」「世界」は，
一般的な用法での登場箇所は省略した。

234

人名索引

■編者紹介 (五十音順)

神崎宣次 (かんざき のぶつぐ)
　南山大学国際教養学部教授。博士（文学）。専門は倫理学。おもな著作に『軍事研究を哲学する』（分担執筆，昭和堂，2022年），『宇宙開発をみんなで議論しよう』（分担執筆，名古屋大学出版会，2022年）など。

佐藤　静 (さとう さやか)
　大阪樟蔭女子大学学芸学部准教授。博士（教育学）。専門は哲学，倫理学，ジェンダー論。おもな著作に『フェミニスト現象学入門──経験から「普通」を問い直す』（分担執筆，ナカニシヤ出版，2020年），『知と実践のブリコラージュ──生存をめぐる研究の現場』（分担執筆，晃洋書房，2020年）など。

寺本　剛 (てらもと つよし)
　中央大学理工学部教授。博士（哲学）。専門は環境倫理学。おもな著作にポール・B・トンプソン，パトリシア・E・ノリス著『持続可能性──みんなが知っておくべきこと』（翻訳，勁草書房，2022年），K・シュレーダー＝フレチェット著『環境正義──平等とデモクラシーの倫理学』（共監訳，勁草書房，2022年）など。

■執筆者紹介 (執筆順)

岡本慎平 (おかもと しんぺい)
　広島大学大学院人間社会科学研究科助教。博士（文学）。専門は倫理学。おもな著作に『人工知能と人間・社会』（分担執筆，勁草書房，2020年），『生命倫理と医療倫理　第4版』（分担執筆，金芳堂，2020年）など。

林　誓雄 (はやし せいゆう)
　福岡大学人文学部准教授。博士（文学）。専門は近現代英米圏の道徳哲学。おもな著作に『襤褸を纏った徳──ヒューム　社交と時間の倫理学』（京都大学学術出版会，2015年），「雑談の意味と意義」（『社会と倫理』37号，2022年）など。

中村隆文 (なかむら たかふみ)
　神奈川大学国際日本学部教授。博士（文学）。専門は英米思想，スコットランド文化。おもな著作に『物語　スコットランドの歴史』（中央公論新社，2022年），『世界がわかる比較思想入門』（筑摩書房，2021年）など。

神島裕子 (かみしま ゆうこ)
　立命館大学総合心理学部教授。博士（学術）。専門は正義論，ケイパビリティ・アプローチ。おもな著作に「差別を正す「おそれ」はあるか──ヌスバウムの正義論と動物」（『倫理学年報』71号，2022年），ジョン・ロールズ著『政治的リベラリズム　増補版』（共訳，筑摩書房，2022年）など。

安井絢子 (やすい あやこ)
　京都大学文学部非常勤講師。修士（文学）。専門はケアの倫理。おもな著作に The Relational Self in an Ethic of Care: Another possibility of the self as distinct from the autonomous self

(*Tetsugaku: International Journal of the Philosophical Association of Japan* vol.5, 2021),『知のスイッチ──「障害」からはじまるリベラルアーツ』(分担執筆,岩波書店,2019年) など。

川崎唯史 (かわさき ただし)
　東北大学病院臨床研究監理センター特任講師。博士 (文学)。専門は哲学・倫理学。おもな著作に『フェミニスト現象学──経験が響きあう場所へ』(共編,ナカニシヤ出版,2023年),『メルロ゠ポンティの倫理学──誕生・自由・責任』(ナカニシヤ出版,2022年) など。

濱岡　剛 (はまおか たけし)
　中央大学経済学部教授。修士 (哲学)。専門は古代ギリシア哲学研究,特にアリストテレス。おもな著作に「アリストテレスの形相−素材理論と個体発生」(『経済学論纂』61巻1号,2020年),『新版アリストテレス全集』9巻,10巻,11巻 (共訳,岩波書店,2015年,2016年,2020年) など。

米原　優 (よねはら まさる)
　静岡大学学術院教育学領域准教授。博士 (文学)。専門は政治哲学・倫理学。おもな著作に「我々はなぜ法律を遵守すべきなのだろうか」(『文化と哲学』37号,2020年),「ミルにおける徳と幸福」(『東北哲学会年報』32号,2016年) など。

辻麻衣子 (つじ まいこ)
　清泉女子大学文学部他非常勤講師。博士 (哲学)。専門は近代ドイツ哲学。おもな著作に「「良心は決して誤らない」──1798年『道徳論の体系』における衝動と良心の問題」(『フィヒテ研究』27号,2019年),「テーテンス・ルネサンスとカント──「三重の総合」に見る経験心理学への態度」(『日本カント研究』19号,2018年) など。

齋藤宜之 (さいとう よしゆき)
　中央大学文学部兼任講師。博士 (哲学)。専門は哲学・倫理学。おもな著作に『アーレント読本』(共著,法政大学出版局,2020年),「カント実践哲学における「幸福」概念の意義──「最高善」と「同時に義務である目的」」(『社会思想史研究』33号,2009年) など。

橋爪大輝 (はしづめ たいき)
　山梨県立大学人間福祉学部講師。博士 (文学)。専門は哲学・倫理学。おもな著作に『アーレントの哲学』(みすず書房,2022年),「なにが行為を行為たらしめるのか──シュッツの行為論」(『倫理学年報』71号,2022年) など。

安倍里美 (あべ さとみ)
　神戸大学大学院人文学研究科講師。修士 (文学)。専門は倫理学,メタ倫理学。おもな著作に「価値と理由の関係は双条件的なのか──価値のバックパッシング説明論の擁護」(『倫理学年報』68号,2019年),「義務の規範性と理由の規範性──J.ラズの排除的理由と義務についての議論の検討」(『イギリス哲学研究』42号,2019年) など。

鈴木　真 (すずき まこと)
　名古屋大学大学院人文学研究科准教授。PhD (Philosophy)。専門は倫理学とその方法論,英米哲学史。おもな著作に「個人的価値についての自然主義的実在論」(『国際哲学研究』11号,2022年),「正負の個人的価値の理論としての感情価反応依存説 (VRD)」(『名古屋大学哲学論集』金山弥平先生ご退職記念特別号,2020年) など。

3STEP シリーズ 5　**倫理学**

2023 年 7 月 10 日　初版第 1 刷発行

編　者　神　崎　宣　次
　　　　佐　藤　　　靜
　　　　寺　本　　　剛

発 行 者　杉　田　啓　三

〒 607-8494　京都市山科区日ノ岡堤谷町 3-1
発行所　株式会社　昭和堂
TEL（075）502-7500 ／ FAX（075）502-7501
ホームページ　http://www.showado-kyoto.jp

油井清光・白鳥義彦・梅村麦生　編　3STEPシリーズ①　社会学　定価2530円

吉永明弘・寺本剛　編　3STEPシリーズ②　環境倫理学　定価2530円

大西琢朗　著　3STEPシリーズ③　論理学　定価2530円

伊原木大祐・竹内綱史・吉荘匡義　編　3STEPシリーズ④　宗教学　定価2530円

出口康夫・大庭弘継　編　軍事研究を哲学する　科学技術とデュアルユース　定価3300円

伊勢田哲治・神崎宣次・呉羽真　編　宇宙倫理学　定価4400円

昭和堂
（表示価格は税込）